**Collection Ethnologie
dirigée par
Jean-Claude Dupont**

Le burlesque au Québec

Les Cahiers
du Québec

Chantal Hébert

Le burlesque au Québec

Un divertissement populaire

Préface de Yvon Deschamps

Cahiers du Québec Collection Ethnologie

Hurtubise HMH

Cet ouvrage a été publié grâce à
une subvention de la Fédération
canadienne des études humaines,
dont les fonds proviennent du
Conseil de Recherches en sciences
humaines du Canada.

Illustration de la couverture:
Détail de la page couverture
du programme du théâtre *Arlequin,*
Vol. I, no 9; 27 octobre 1930.
(Bibliothèque Nationale du Québec —
Division des Manuscrits)

Graphiste conseil:
Pierre Fleury

Maquette de la couverture:
Francine Savard

Photocomposition:
Atelier de composition LHR

Editions Hurtubise HMH, Limitée
7360, boulevard Newman
Ville LaSalle, Québec
H8N 1X2
Canada

Téléphone: (514) 364-0323

ISBN 2-89045-507-6

Dépôt légal / 3e trimestre 1981
Bibliothèque Nationale du Québec
Bibliothèque Nationale du Canada

Imprimé au Canada

Mon unique critère, au théâtre, est
le souffle qui doit passer entre ceux
qui font le spectacle et ceux qui le
regardent. Je préfère une pièce de
Boulevard de bas étage où tout le
monde rit à une œuvre intelligente
mais froide où rien ne vibre.

Peter Brook[1]

1 Propos de Peter Brook rapportés par Caroline Alexandre dans son article:
«Peter Brook, paisible génie». *L'Express* (Paris), no 1426 (du 4 au 11 novembre 1978),
p. 25.

Table des matières

Remerciements

J'aimerais remercier Francine et Jean Grimaldi, Gilles Latulippe, Rose Ouellette, Juliette Petrie, Léo Rivet et Paul Thériault, tous artisans du burlesque qui, par leurs précieux témoignages, nous ont permis de remonter dans le temps. Je voudrais aussi exprimer toute ma gratitude à mon directeur de recherches, Denis Saint-Jacques, qui s'est montré un conseiller sûr, efficace et encourageant. De même, je ne saurais manquer de souligner l'aide apportée par chacun des spécialistes suivants, tous professeurs à l'université Laval: Elli Köngäs-Maranda, Solange Vouvé, Jean Du Berger, Jean-Claude Dupont, Hans Jürgen Greif et Alonzo Leblanc. Mes remerciements s'adressent enfin aux archivistes des diverses institutions consultées, ainsi qu'à Paule Maranda et Marie de Carufel qui ont dactylographié le manuscrit, à Christine Eddie, Lucie Robert et Michel René qui l'ont relu.

A ceux-là donc et à ceux et celles que je n'ai pas mentionnés mais qui, par leurs conseils, leur présence, leur participation et leur appui, ont permis que cette recherche soit menée à bien, j'exprime ma sincère reconnaissance.

C.H.,
Centre d'Etude sur la langue,
les arts et les traditions populaires,
(CELAT),
Université Laval,
Québec.

Préface

D'abord, merci à Chantal Hébert qui m'a demandé d'écrire la préface de ce livre. J'ai donc été un des premiers à le lire et j'y ai trouvé beaucoup de plaisir.

Je dois dire que je m'intéresse particulièrement (je ne sais pas pourquoi d'ailleurs) à tout ce qui touche la comédie et ceux qui la font.

En ce qui concerne le vaudeville ou le burlesque, autant cette forme de théâtre a connu un succès phénoménal au Québec, autant elle a été «snobée» par l'élite. On regardait de bien haut ceux qui s'y adonnaient et on trouvait bien bas ceux qui s'en régalaient. Les puristes étaient convaincus que le succès venait de la facilité: du gros rire pour le gros peuple. C'était vrai en partie mais, heureusement, il y avait plus.

Souvent la forme est plus importante que le fond. Souvent ce n'est ni ce que l'on dit, ni ce que l'on fait qui compte, mais bien comment on le dit ou comment on le fait. Et, comme disait l'autre, «le médium c'est le message». Or le message, c'était le burlesque avec ses comiques stéréotypés mais uniques, sa forme à la fois stricte — où chacun était un personnage bien défini — et libre — où tout était dans l'improvisation. Recherche constante du contact, de la communion avec le public. Art pur s'il en est, puisque lorsque ce contact se crée, la forme même transcende le fond, et c'est là que le public trouve sa vérité, son miroir, son âme.

Vive le burlesque, vive les comiques!

Yvon Deschamps

Introduction

Le burlesque, s'il eut longtemps mauvaise réputation dans la bonne société et auprès de ceux qui se piquaient d'être des «amateurs» de théâtre, a par ailleurs joui d'une telle popularité chez nous qu'on comprend mal pourquoi il demeure encore méconnu. Peu de gens, en effet, savent aujourd'hui ce qu'est vraiment cette forme de théâtre qui mettait en vedette des acteurs jouant, dans la langue vernaculaire, des comédies inspirées de la vie populaire. Qui pourrait dire exactement pourquoi les Guimond, Petrie, Ouellette, Desmarteaux, Saint-Charles et autres furent si célèbres? Est-ce à cause du répertoire qu'ils jouaient, des rôles qu'ils interprétaient ou de leur façon de se comporter sur scène? Leur popularité repose sur tout cela.

Le burlesque, à une époque où presque tout ce qui tenait l'affiche de nos salles de spectacles était importé de la mère patrie, faisait à la fois nouvelle et piètre figure. En l'espace de quelques années pourtant, il se gagna un auditoire si nombreux, fidèle et assidu, qu'il conquit la scène de plusieurs de nos théâtres. Ainsi, vers 1930, c'est-à-dire au moment où le genre atteignait son apogée, Montréal pouvait accueillir près de huit mille spectateurs dans une douzaine de salles différentes qui lui étaient spécialement consacrées. Les noms de *National,* du *King Edward* et du *Starland,* entre autres, rappelleront d'heureux souvenirs aux amateurs d'autrefois.

Pour définir le burlesque, nous n'avons pas voulu nous substituer à l'histoire; aussi, nous avons plutôt compté, pour en arrêter le sens, sur l'usage qu'en font et qu'en ont fait les professionnels du métier. Nous entendrons donc par burlesque un type de spectacles, hérité des Etats-Unis, fait de chant, de musique, de théâtre et de danse, qui nous fera penser, tantôt aux comédies du cinéma muet américain (Chaplin, Keaton, Laurel et Hardy), tantôt à la commedia dell'arte, puisqu'il comporte en outre des comédies et des sketches, improvisés sur de sommaires canevas transmis d'une génération d'acteurs à l'autre, et auxquels s'ajoutent enfin des numéros de variétés. Mais c'est une «ligne de danseuses» qui se produisent entre les divers numéros qui le caractérise. Pourtant, certains comédiens prétendent que la place privilégiée ne revenait pas aux «filles», mais bien aux acteurs qu'on appelait d'ailleurs «principaux».

Comme il est peut-être difficile de saisir d'entrée de jeu en quoi le burlesque se distingue du vaudeville, du music-hall ou des variétés, nous allons, avant de commencer notre étude, passer rapidement en revue les quelques définitions qu'en ont données certaines encyclopédies.

> BURLESQUE. — Ce nom signifie: 1) en Angleterre, un genre théâtral parodique et satirique (...) qui, avec le temps, a cependant subi des contaminations variées (principalement avec les éléments typiques de la farce et de l'opéra) (...) 2) aux Etats-Unis, un spectacle très populaire fait de sketches comiques et de numéros de variétés, qui s'est développé depuis le «minstrel show» et s'est de plus en plus limité au «strip-tease».[1]

Charles McGaw développe un peu plus ce sur quoi reposait la formule américaine — celle qui a influencé le spectacle tel que nous l'avons connu au Québec — et souligne qu'elles en furent les principales transformations:

> A compter de 1890 (aux Etats-Unis) le burlesque s'est développé en une sorte de spectacle de variétés, avec des comédiens qui faisaient des sketches,

appelés «bits», composés de dialogues rapides, de blagues et de gags visuels; de filles qui chantaient et dansaient; d'acrobates; et de matches de boxe et de lutte. Le burlesque a atteint sa plus grande popularité vers 1914 avec les spectacles obscènes produits par les frères Minsky de New York. Des compagnies de tournées ont aussi amené le burlesque d'un bout à l'autre du pays. (...) Après la Première Guerre, le strip-tease, qui avait été la caractéristique des Minsky, devint l'attraction principale des spectacles de burlesque. [2]

Au Québec, on s'en doute, les représentations s'apparentaient plutôt à celles que les Américains avaient pu voir avant 1914; car le strip-tease, qui avait contribué là-bas à la popularité du genre, n'était en principe pas autorisé ici. Voyons maintenant en quoi le burlesque se différencie du vaudeville et spécifions tout de suite qu'il se trouve dans le métier une autre acception dont il n'est pas fait mention. Celle-ci concerne l'expression «acte de vaudeville» et signifie en quelque sorte un numéro faisant partie d'un programme de variétés.

VAUDEVILLE. — Terme français d'usage international qui désigne: 1) un type particulier de chansons (chansons de circonstance dont l'air est facile à chanter); 2) un genre théâtral (où l'équivoque, la surprise et l'imprévu occupent une large place et dont les pièces de Labiche, Feydeau, Ordonneau ou Hennequin, avec leur jaillissement de péripéties et de situations cocasses, constituent le plus parfait exemple); 3) le théâtre de variétés aux Etats-Unis à compter de la fin du XIXe et du début du XXe siècle (c'est, en effet, le nom que l'on a donné au théâtre de variétés aux Etats-Unis à partir de 1885 et jusqu'à la Première Guerre mondiale). [3]

La distinction majeure entre burlesque et vaudeville, du moins celle qui nous est apportée par les professionnels,

18

La «ligne de filles» caractéristique du genre. Années '20. (Photo: Royal Studio Reg.; Coll.: Juliette Petrie)

relève en définitive de la «ligne de filles». C'est celle qui caractérise le genre. Le vaudeville est finalement plus près du music-hall, quoique ce dernier évoque davantage l'image d'un spectacle à grand déploiement.

MUSIC-HALL. — Terme anglais d'usage international qui désignait en Grande-Bretagne à compter de la deuxième moitié du XIXe siècle et au tout début du XXe un restaurant ou une taverne où se tenait un spectacle de variétés. Par la suite (c'est-à-dire à la fin du XIXe) ce terme fut adopté en Europe et en Amérique, d'abord pour désigner un théâtre de variétés plus spacieux qu'un autre, puis on l'utilisa ensuite pour parler de tout spectacle de music-hall en général peu importe le lieu où il était présenté, de sorte que le mot music-hall finit par devenir synonyme de variété. [4]

VARIÉTÉ (du français *variété* d'usage international). — Expression elliptique pour théâtre de variétés (du français *théâtre des variétés*) ou pour spectacle de variétés utilisée en Europe puis en Amérique à compter de la deuxième moitié du XIXe siècle pour désigner un spectacle composé «d'arts variés», dans lequel se succèdent différents «numéros» — une courte représentation de genre divers, où la musique prime, la comédie ou le drame — alternent des attractions, des démonstrations d'habileté, d'agileté, etc., cela sans aucun lien ou fil conducteur. [5]

Bref, le burlesque est un spectacle de variétés où les différentes parties ne sont pas liées au tout. C'est un art de l'instant avec du chant, de la musique, de la danse, des sketches, des attractions, des gags, des comédies, du drame, des films et des «filles»! Nous apercevons là les ascendances d'une tradition qui remonte et emprunte tout à la fois au cirque, aux farces médiévales, à la commedia dell'arte, au music-hall et au «minstrel show», qui passe par l'Angleterre, la France, l'Italie et les Etats-Unis avant de nous arriver. Dès lors, nous sommes à même de comprendre que les ramifications sont nombreuses et qu'à elles seules elles mériteraient une étude; mais nous ne nous y attarderons pas plus longtemps, puisque l'objet spécifique de notre propos n'est pas de faire l'histoire des origines du genre, mais bien plutôt de retracer son évolution en terre québécoise.

C'est en considérant le rôle primordial que ce type de théâtre a joué durant un demi-siècle et la place de première importance qu'il a occupée ici dans le cadre général des divertissements populaires, que nous avons décidé d'y consacrer une étude avant qu'il ne disparaisse complètement avec les artisans qui l'ont vu naître. Il nous apparaissait, en effet, urgent de décrire ce phénomène dans la mesure où, bien que plusieurs des «as» du burlesque soient aujourd'hui disparus, il en reste encore quelques-uns parmi nous pour témoigner de ce que fut cette sorte de représentations. La collaboration exceptionnelle d'une dizaine d'entre eux dont Jean Grimaldi, Gilles Latulippe, Rose Ouellette, Juliette Petrie, Léo Rivet et Paul Thériault nous fut indispensable.

Cet ouvrage veut rendre compte des informations recueillies auprès de ces comédiens et dans les divers fonds consultés. Il se divise en deux chapitres. Le premier porte sur les aspects historiques. Il veut indiquer des repères, des moments déterminants dans l'histoire du burlesque depuis ses débuts jusqu'à son déclin, en passant par la Belle Epoque avant de, simultanément, renaître et agoniser au *Théâtre des Variétés*. Le deuxième chapitre vise à décrire les principales composantes du burlesque; nous entendons par là examiner par qui il est fait, comment il est fait et de quoi il est fait. Par conséquent, nous nous attarderons aux comédiens, au spectacle et au répertoire.

Il nous est apparu aussi utile, dans une première recherche sur le sujet, de dresser une esquisse générale des aspects historiques que de décrire le phénomène; cela sans privilégier une partie au détriment de l'autre. Nous avons donc mis en relief les principales périodes de la vie du burlesque au Québec, mais nous avons également décrit les divers éléments qui composent ce type de théâtre. Nous avons retrouvé des noms et des images qui, nous le croyons, suffiront à dresser un premier cadre et sauront nous rappeler une partie de notre histoire.

Afin de respecter le caractère déterminant de la tradition américaine, nous n'avons pas voulu traduire certains termes anglais couramment utilisés par les artisans du burlesque québécois. Quelques mots seulement seront donc définis dans le texte, lorsque la situation s'y prêtera. Dans les autres cas, le lecteur voudra bien se référer au lexique figurant en appendice.

Notes

1 W.G., «Burlesque», *Enciclopedia Dello Spettacolo,* Roma, Casa Editrice Le Maschere, (1960), tome VII, p. 1366.

«BURLESQUE. — Con questo nome si indica: 1) in Inghilterra, un genere teatrale parodistico e satirico (...) che pero con l'andare del tempo subi varie contaminazioni (soprattutto con elementi tipici della farsa e dell' opera (...) 2) negli USA, uno spett. di grande popolarità costituito da sketches comici e numeri di varietà, che, sviluppatosi dal *minstrel show,* si limitò sempre più a ezibizioni di nudo femminile.»
(Traduction de l'auteure).

2 Charles McGay, «Burlesque», *The Encyclopedia Americana,* New York, Americana corporation, (1972), vol. 4, p. 797.

«By the 1890's burlesque developed into a type of variety show, with comedians who did sketches, called 'bits', made up of patter, tricks, and sight gags; singing and dancing girls; acrobats; and boxing and wrestling matches. Burlesque reached its greatest popularity about 1914 with the bowdy shows produced by the Minsky brothers of New York. Touring companies also took burlesque throughout the country. (...) After World War I the striptease, which had been a Minsky feature, became the principal attraction of burlesque shows.»
(Traduction de l'auteure).

3 D.J.G. et G.C.C., «Vaudeville», *Enciclopedia Dello Spettacolo,* Tome IX, p. 1476.

«VAUDEVILLE. — Termine franc. d'uso internaz. che designa 1) un particolare tipo di canzone; 2) un genere teatrale; 3) il teatro di varietà negli s.u. sullo acorcio del sec. XIXe all'inizio del XX.»
(Traduction de l'auteure).

4 J.G.P., «Music-hall», *Ibid.* Tome VII, p. 970.

«MUSIC-HALL. — Termine inglese d'uso internaz. con cui si designò in G.B., dalla metà dell'Ottocento ai primi del Novecento, il ristorante o la taverna in cui si svolgevano anche spettacoli di varietà. In sequito (e cioè verso la fine del sec. XIX) si adottò questo termine anche in Europa e in America, prima per designare i più spaziosi teatri di varietà, e poi il genere di spettacolo che nei m.-h. aveva luogo, cosicché m.-h. fini per essere sinonimo di varietà.»
(Traduction de l'auteure).

5 V.O., «Varietà», *Ibid.* Tome IX, p. 1439.

«VARIETA (dal fr. *variété* d'uso internaz.). — Col nome di v., espressione ellitica per teatro di v. (dal fr. *théâtre des variétés*) o per spettacolo di v., si suole definire in Europa e poi nelle Americhe dalla II metà dell'Ottocento uno spettacolo composto di 'arte varia', in cui si succedono alcuni 'numeri' — o brevi rappresentazioni di genere diverso, prevalentemente musicale, comico o dramatico — alterni con 'attrazioni' e cioè esibizioni di abilità o di agilità ecc., senza alcun legame o filo conduttore.»
(Traduction de l'auteure).

Les trois âges
du burlesque québécois

Chapitre I

Les trois âges
du burlesque québécois

Etre un bon menuisier, c'est un métier
difficile. Mais quand on le fait bien, les gens
s'en aperçoivent facilement et disent: «Lui,
c'est un bon menuisier». Maintenant être un
bon écrivain, un bon artiste, c'est un métier
difficile aussi, mais la différence c'est qu'un
écrivain, un artiste ont beaucoup plus de
difficulté qu'un menuisier à trouver leur
place dans la société. On dirait qu'il y a une
contradiction qui est permanente. Par
exemple, on peut être reconnu mondiale-
ment et n'avoir aucun succès populaire, ou
alors on peut être extrêmement populaire et
être méconnu, dans le sens où on est tout à
fait différent de ce que les gens s'imaginent
qu'on est. Et, chez nous, dans notre milieu,
l'homme, le symbole même de cette
contradiction, à mes yeux, c'est Olivier
Guimond.[1]

Fernand Seguin

Le nom d'Olivier Guimond évoque pour bon
nombre de Québécois une époque, aujourd'hui disparue,

Olivier Guimond père. Programme du *National*. Semaine du 17 mars 1930.
(Bibliothèque nationale du Québec, département des manuscrits)

Olivier Guimond fils. (Archives du *Théâtre des Variétés;* coll.: Gilles Latulippe)

qui avait vu le jour avec Tizoune (aussi Ti-Zoune) père et qui s'est achevée, ou presque, avec le départ du fils[2]. Cette époque fut celle du théâtre burlesque. C'est à retracer les grands moments de son histoire que nous allons consacrer ces premières pages.

LES DÉBUTS DU THÉÂTRE BURLESQUE AU QUÉBEC (DE 1914 À 1930)

Il est difficile d'établir avec précision le moment exact auquel remontent les premières représentations de burlesque présentées au Québec. A l'aube du XXe siècle, peu de documents attestent de la vie de cette activité théâtrale, populaire et marginale à la fois, qui fut souvent dénoncée par les autorités civiles et religieuses du temps[3]. Il semble cependant possible d'affirmer, avec suffisamment de certitude, à la suite d'entrevues et de recherches[4], que c'est à la toute fin du XIXe siècle que furent introduits les premiers spectacles de ce type. D'abord offerts exclusivement en anglais, ils furent traduits en français quelques années plus tard, grâce à l'acharnement d'une poignée de comédiens sensibles aux attentes du public francophone. Nous avons fixé le début de notre étude à ce moment qui marque le passage de ces représentations de l'anglais au français.

Le burlesque en anglais

Avant 1914, si l'on s'en tient au témoignage de Marc Forrez[5], les seuls spectacles de burlesque proposés au public québécois le furent par des troupes américaines venues en tournée au Québec. Plusieurs de ces spectacles étaient alors produits par le *Columbia Circuit.* Cette compagnie américaine, également connue sous le nom de *Columbia Amusement Company,* fut une des plus importantes des Etats-Unis[6]. Elle avait été organisée, en 1900, par Samuel A. Scribner qui la voua principalement aux spectacles de tournées[7]. C'est elle, en particulier, qui ravitailla d'abord le Québec en burlesque et cela jusqu'à la fin des années trente... bien longtemps après qu'on eût commencé à jouer en français. Elle amena sur la scène du *Gayety* tout spécialement, où elle fêta d'ailleurs son vingt-cinquième anniversaire[8], les étoiles américaines du genre, par exemple: Bozo Snyder et Billy «Beef Trust» Watson.

Les spectacles du *Columbia Circuit* furent, toutefois, réservés chez nous aux habitants de Montréal et de Québec, puisque les autres villes de province, n'étant pas équipées en salles aménagées, ne pouvaient accueillir ces troupes étrangères. Jusque-là, ce furent donc les troupes des compagnies américaines[9] qui amusèrent le public québécois et le sensibilisèrent à un nouveau genre de divertissements qui, très vite, allait plaire. Ce furent elles aussi qui, jusqu'à un certain point, approvisionnèrent en matériel de toutes sortes («bits», sketches, comédies, chorégraphies et même conduite générale du spectacle) les «burlesquers» d'ici qui progressivement commençaient à se tailler un place confortable. En effet, plus le genre se popularisait, plus il devenait urgent de se mettre en quête de nouveau matériel et, avant de commencer à en concevoir eux-mêmes, c'est, comme en témoigne Juliette Petrie, auprès des troupes américaines que les jeunes acteurs se ravitaillèrent:

> Quand il venait des «shows» américains à Montréal, au *Majestic* et au *Princess,* le propriétaire du théâtre où je travaillais me donnait une matinée de congé pour assister à ces spectacles. J'avais un calepin et je copiais les sketches. La même chose pour les numéros. Des numéros pour les danseuses, combien j'en ai copiés! On allait ensuite dégoter de la musique chez Archambault.[10]

Si l'on comprend facilement que ces spectacles offerts par les troupes américaines en tournées se soient

READ CAREFULLY BEFORE SIGNING

Agreement Made in the City of London, this...... 30th. , ... day of ...... March 1911

Between .... Manager Aloz., y .... hereinafter called the First

Party, and .... Petrie & Watson, **Comedy Singing &** hereinafter called the Second Party.

                                          Talking

     I. The Second Party promises to render and produce upon the terms and conditions hereinafter contained

a certain unique and extraordinary act or specialty for............ One .... weeks, as follows :

        COMMENCING   THEATRE

.... April 3rd., ... 1911 . Auditorium Theatre, Quebec

                                  191 .

.... Party of the second part agrees not to do over ten minutes in all,

.... This, party of the first part must insist upon

                                  191 .

or in such Theatres or Cities as the First Party may require, in consideration of which the First Party promises

to pay the sum of ...... Eighty- --- Dollars ($ 80.00 --)

per week, less ...... five ...... per cent. thereof to be deducted and immediately paid over to THE

CANADIAN THEATRES BOOKING AGENCY by First Party.

AFFILIATED BOOKING OFFICES

     2. It is mutually agreed that each of the following terms and conditions is of the essence of this agreement.

     3. The Second Party promises to abide and be bound by the rules and regulations in force at the theatre where such party may be playing to report for rehearsals at 10 a.m., on opening day of engagement, to furnish complete orchestrations of music, to render and produce said act to the satisfaction of the First Party or the management of said theatre ...... four shows daily, and an additional performance on holidays or special occasions, when required.

     4. If sickness prevents the Second Party performing this agreement, the First Party has an option on aforesaid specialty for a period equal to the unperformed term hereof or any part, as soon as the Second Party is able and has given the First Party two weeks' written notice of such ability, addressed to C. R. COLLYER, care of The Canadian Theatres Booking Agency, London, Ont., and the Second Party agrees not to perform or appear or present said specialty either privately or publicly for any other person, firm or corporation but the theatre contracted, for a signing of this agreement.

     5. If the operation by the First Party of the theatre wherein the Second Party is to perform or produce hereunder is for any reason discontinued or prevented, or the present policy thereof changed, the First Party may cancel this agreement by giving ten days' notice.

     IN WITNESS WHEREOF, this agreement has been signed the day and year first above written.

IMPORTANT SPECIAL NOTICE:

     THERE MUST BE NO NEGLECT OR DELAY UPON NOTICE OF ENGAGEMENT BEING RECEIVED IN DELIVERING BILLING, ROUTE, PROGRAMME AND PRESS MATTER, TIME OF ACT, PHOTOS, SCENE AND PROPERTY PLOTS.

Contrat d'engagement d'Arthur Petrie au théâtre *Auditorium* de Québec, en mars 1911.
(Coll.: Juliette Petrie)

THE GRIFFIN VAUDEVILLE CIRCUIT

Griffin Theatre Building, Queen and Yonge Sts., Toronto, Canada.

- - OFFICE OF - -

TORONTO, ONT. Sept 17th /13   19

This Agreement made this day between Manager Fortier of Victoriaville of the First Part and .... of the Second Part.

Witnesseth the Party or Parties of the Second Part agrees or agree to present the act described and styled at New Veautés Theatre. Victoria. Ave. Que. for a period of 3 days commencing on the 19 20 21st .... day of .... Sept /13 ....

said Manager shall pay said Artist or Artists the sum of 50 per cent .... payable at the termination of this contract. IT IS HEREBY AGREED that all rules and regulations in force at said place or places of amusement or any of them shall be strictly adhered to by the Party or Parties of the Second Part who agrees or agree to present and perform their act daily and nightly at such place or places as is customary thereat, and to work according to the programme of said place or places of amusement at the discretion of the house manager of each said place of amusement; and any failure on the part of any Party or Parties of the Second Part in the strict observance of the above mentioned requirements may, at the option of such house manager, be visited with instant discharge or dismissal of the said Party or Parties of the Second Part.

All Performers must send billing and full set of photos by mail or express, prepaid, to the said theatre at above address on receipt of contracts in advance of commencement of performance under this contract.

IT IS HEREBY STRICTLY UNDERSTOOD AND AGREED that the house manager of any such theatre reserves the right, after the first performance of above act, to cancel same and this contract, whereupon all claims for salary on account of such performance or part performance shall be forfeited and this contract terminated. THE Party of the First Part reserves the right to cancel this contract or terminate within the time limit hereof the engagement of any party or parties of the Second Party on the grounds of incompetency or improper conduct or of any impropriety in the act or performance aforesaid, or by reason of the fact that such act or performance is not first class or as represented, in which event any party or parties of the Second Part can claim only for actual service at a pro rata salary.

to play or perform during the continuance of this contract for any person, persons, company, association or club outside of the duties herein prescribed either for hire or gratuitously, without the written consent of the Party of the First Part; and hereby release and agree to release the THE Party or Parties of the Second Part hereby expressly covenant and agree with the Party of the First Part not to present said act or Party of the Second Part from any claim or cause of action for damages of any nature for any accident or mishap that may occur to the Party or Parties of the Second Part in the performance of said act or duties herein provided.

IT IS HEREBY AGREED that .... per cent. ($ ....) commission on the salary above mentioned shall be deducted by the house manager of each and every theatre at which the party or parties of the Second Part may play or perform under this contract, and such commission shall be paid to the above mentioned Circuit.

IT IS HEREBY UNDERSTOOD AND AGREED that the said Circuit acts as agent only, and is hereby released and discharged from any and all claims that may arise between the parties hereto.

.... (L.S.)

Manager Fortier of Victoriaville   (L.S.)

Contrat d'engagement d'Arthur Petrie et de sa troupe au théâtre *New Veautés* de Victoriaville, en 1913. (Coll.: Juliette Petrie)

déroulés en anglais, il peut, par contre, paraître étonnant de constater que ceux donnés par «nos» comédiens le furent également et cela jusque vers 1915 environ. Il y a pourtant à cela une explication fort simple. Ceux qu'on avait injustement baptisés «nos» comédiens, parce qu'ils tenaient régulièrement l'affiche des scènes québécoises, étaient pour la plupart des étrangers qui avaient d'abord travaillé aux Etats-Unis, avant de venir s'établir au Québec pour y faire carrière. Ils disposaient donc d'un bagage de canevas directement hérités du répertoire américain et parlaient évidemment mieux l'anglais que le français. «Par exemple, Pizzy-Wizzy jouait en anglais. De temps en temps, il disait un mot français mal fait, mais l'ensemble ça roulait en anglais[11].» C'était aussi le cas de Swifty[12] et de Pic-Pic qui étaient, avec Pizzy-Wizzy, les grandes vedettes de cette époque.

Ces acteurs interprétèrent, au cours de cette deuxième décennie, un type de comédies différent de celui que connut le public des années qui ont suivi. On appelait «slapstick comedy» ce genre particulier de comédies propres aux années avoisinant 1915. Comme le voulait la tradition, il s'agissait de comédies improvisées à partir d'un thème donné, mais où le jeu physique prédominait. Ces comédies ne sont pas sans nous rappeler aujourd'hui les comédies *Keystone* dont Chaplin était la vedette[13] et qui appartiennent elles aussi à ce genre «que les Anglo-Saxons appellent *slapstick*».

Le mot veut dire coup de bâton. Il évoque Arlequin, Pierrot, Polichinelle, Scaramouche, le fameux *sac ridicule où Scapin s'enveloppe* et où Boileau ne voulait pas reconnaître *l'auteur du Misanthrope*. Molière a ses sources dans les improvisations et les personnages de la comédie italienne. L'art de Chaplin débute par des pantalonades fort semblables à ce qu'avait été, trois siècles plus tôt, la fameuse commedia dell'arte.[14]

Le «comic» Swifty (Paddy Shaw). Programme des Variétés Luxor. (Bibliothèque nationale du Québec, département de manuscrits, «programmes de théâtre»)

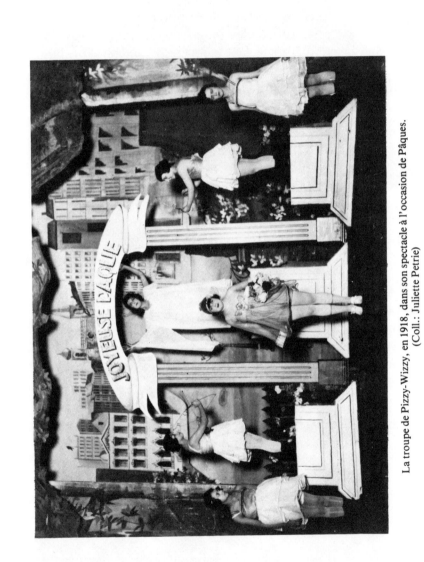

La troupe de Pizzy-Wizzy, en 1918, dans son spectacle à l'occasion de Pâques. (Coll.: Juliette Petrie)

L'art des Pizzy-Wizzy, Swifty, Pic-Pic et compagnie prend racine également dans cette tradition du «slapstick». Les chutes grotesques, les tartes à la crème lancées à la figure, les coups de pied au cul, les bagarres, les poursuites font leur succès en même temps que celui de leurs brillants homologues du cinéma — Chaplin, Keaton, Laurel et Hardy — que le public québécois découvre au même moment[15].

«Le slapstick, dit Gilles Latulippe, c'est ce dont on se sert aujourd'hui pour faire rire les enfants; comme ce que fait le clown. C'est la forme la plus pure du rire[16].» C'est une sorte de comique qui part toujours de la bonne volonté, pour se terminer en catastrophe. Le drôle, c'est l'inattendu. «Par exemple, poursuit-il, quelqu'un offre son aide à un ami pour repeindre un appartement. Celui-ci arrive donc avec son escabeau, heurte un objet par mégarde, perd l'équilibre, tombe, renverse autre chose et, finalement, brise tout[17]!» Pour le comédien, la limite est difficile à juger. Il doit savoir quand s'arrêter; car, si l'action devient trop «grosse», elle ne sera plus comique. Et Latulippe, pour illustrer ce savant dosage, cite de mémoire Charlie Chaplin: «Un myope ça peut être drôle, tandis qu'un aveugle ce ne l'est plus»[18].

Le «slapstick» c'est aussi, tel que le définit Marc Forrez, «une comédie à coups de bâton et de tartes dans la face (...) On n'avait pas besoin de mots pour comprendre»[19]. C'était un comique beaucoup plus visuel que verbal pour lequel on fabriquait des accessoires spéciaux et qui, pour être apprécié, ne nécessitait pas la compréhension de la langue anglaise qui était alors imposée sur la scène.

Il y avait des accessoires particuliers manufacturés pour ces «slapstick» comédies. Par exemple, deux lattes de bois avec lesquelles on faisait des barils. Il y avait donc deux lattes du genre, très minces, avec un espace entre. Quand les comédiens frappaient

avec ça, ça faisait un coup formidable, puis le gars
n'avait rien senti. C'était toujours des trucs comme
ça. C'est pour ça qu'on appelait ça «slapstick
comedy».[20]

Paul Thériault, comme Marc Forrez, confirme d'une part
qu'il n'était pas nécessaire d'être initié à la langue anglaise
pour savourer le comique des spectacles à l'affiche des
théâtres de burlesque jusqu'à la fin de cette deuxième
décennie; puis il renforce d'autre part l'hypothèse selon
laquelle il y aurait un parallèle à établir entre les
«burlesquers» québécois et ceux que Jean-Pierre
Coursodon appelle «les burlesques américains du
'muet'»[21].

> Au début du siècle, ici, le burlesque n'était qu'en
> anglais (...) Il y avait tellement de «slapstick
> comedy» dedans, que tout le monde riait,
> comprenait, comme quand on regarde un film de
> Chaplin. On le trouve aussi drôle même s'il n'y a
> pas de paroles ou si on ne comprend pas ce qui est
> dit.[22]

Outre ces sketches comiques, souvent hérités de
numéros de cirque et de music-hall ou parfois même du
cinéma naissant, le spectacle de l'époque offrait:

> (...) des petites vues silencieuses avec un pianiste
> qui accompagnait, qui faisait la musique de la vue.
> Le pianiste était dans la fosse d'orchestre. Il
> improvisait. Puis, il y avait un raconteur qui
> racontait la vue silencieuse. C'était des petits
> films...[23]

Ces films n'étaient pas annoncés dans les journaux par
leur titre, mais par le nombre de pieds projetés. Par
exemple, «5,000 ft.», etc.[24] Ils étaient précédés «des
'news', des petits films de nouvelles» et suivis «d'un
rouleau de 'comic'»[25]. Enfin, la comédie terminait le
spectacle. Il y avait aussi une chanteuse qui se produisait
entre les films et les sketches:

Parfois elle avait un petit décor. Elle chantait des fois sur une escarpolette. C'était joliment arrangé (...) Elle chantait des versions françaises de chansons populaires américaines. Je leur en ai fait des mots pour ces choses-là. C'était pas directement des traductions... des interprétations, disons françaises. La grande chanteuse de l'époque, à Québec, c'était Cécile Beaudoin qui chantait à l'*Arlequin*. C'était quelqu'un dans le genre d'Alys Robi qui a fait carrière à Montréal dans le même genre de chose.[26]

Si le répertoire de la chanteuse était, alors, traduit ou plus souvent librement adapté en français, les sketches burlesques eux ne l'étaient pas. D'ailleurs, les artistes parlaient toujours de «burlesk» et les «bits» se déroulaient en anglais. Notons, qu'avant 1920, on n'avait pas encore mis au point la formule des grandes comédies. On ne jouait donc que de courts sketches de cinq, dix ou vingt minutes tout au plus avec une équipe réduite de trois ou quatre comédiens.

A l'époque, «les personnages du 'comic' et du 'straight' étaient d'ordinaire respectivement interprétés par un comédien d'origine juive et un autre d'origine canadienne française»[27]. Parfois, seul ce dernier pouvait s'exprimer en français. Mais, comme il avait généralement travaillé aux Etats-Unis, avant de revenir au Québec, que le genre était d'origine américaine et que les Etats-Unis étaient finalement presque les seuls pourvoyeurs de matériel, les spectacles allaient bon train en langue anglaise.

Il faut souligner, par ailleurs, qu'avant les Canadiens français ce furent d'abord les acteurs étrangers qui retournèrent régulièrement aux Etats-Unis se procurer de nouveaux sketches.

Je me souviens qu'en vacances à Ottawa, en 1916, Nosey Black (le partenaire de Guimond père dans le temps) écrivait des sketches burlesques (...) Nosey Black était un New-Yorkais et quand il retournait à New York, il se refaisait du bagage. Nosey Black m'avait montré un bagage. C'était, le titre du volume: «Two thousand gags», deux mille gags! Il puisait tout ça dans ça. Ça, c'était fait peut-être par une dizaine d'auteurs américains. Il fouillait dans ça et choisissait, en éliminant ce qui avait été trop exploité, et conservait ce qui semblait bon. Il construisait sur des choses comme ça. Puis, lui en inventait quand il en trouvait. Il en inventait. Il m'en a montré, il en avait une pile à lui qu'il s'était fait. Un peu puisé dans le livre, pour le gag lui-même... mais comment l'amener, puis comment continuer... ça c'était de lui.[28]

On voit déjà ici comment s'articule le répertoire, comment il est construit et de quoi il est fait. Mais, nous aurons l'occasion de revenir aux détails de son étude dans le chapitre que nous lui consacrons.

Les pionniers du burlesque en français

Après la Première Guerre, le burlesque s'était déjà beacoup amélioré: une fois rodé, le spectacle commençait à se définir une conduite générale et à s'imposer comme genre particulier. «C'était devenu un spectacle complet. Bien arrangé. C'était pas fait à l'improvisade (*sic*). It was better sketched...» nous a dit Marc Forrez[29]. Mais, malgré tout, certaines représentations se donnaient encore en anglais. A Montréal, rue Sainte-Catherine, les classiques français étaient joués «à la française» par des artistes qui venaient de France, mais rue Saint-Laurent, où se trouvaient les principaux théâtres de burlesque, il fallait opérer en anglais:

A Montréal, et partout dans le Québec, on ne jouait (du burlesque) qu'en anglais. Tout artiste canadien français qui voulait faire carrière, dans le théâtre (burlesque) devait d'abord apprendre à bien jouer en anglais. Et c'est petit à petit qu'on a commencé à glisser quelques phrases en français, puis un peu plus, et toujours davantage, jusqu'au jour où on s'est aperçu que les gens du public étaient de bons Canadiens français. Jusque-là, les patrons avaient refusé de voir les choses telles quelles. [30]

C'est la troupe d'Olivier Guimond, au théâtre *Starland,* à l'automne 1920, qui fut la première à penser au public francophone de la métropole[31]. Cette troupe était au départ celle d'Arthur Petrie qui, durant une tournée en Ontario, avait retenu les services de Guimond père, alors «shoe shine boy» à la gare d'Ottawa. Après l'avoir vu faire deux ou trois pirouettes et quelques grimaces, Petrie l'avait engagé comme porteur de bagages pour sa troupe. Il lui avait demandé en outre de divertir les spectateurs durant les changements de décors. Mais rapidement Guimond devint une vedette et, de retour à Montréal, quelques semaines plus tard, la troupe de Petrie portait déjà le nom de Tizoune[32]. Cette troupe, composée essentiellement d'anglophones[33], voulait jouer en français parce qu'elle réalisait que son auditoire devenait chaque jour majoritairement francophone. Il semblait malgré tout difficile d'imposer le français. D'une part, parce que le burlesque était originellement un genre américain et que son répertoire nous venait exclusivement des Etats-Unis, puisque c'est là que les directeurs de troupe achetaient les canevas des comédies. D'autre part, et surtout, parce que, comme le rappelle Juliette Petrie, les propriétaires de salles de spectacle étaient soit des Canadiens anglais, soit des Juifs ou des Syriens ne parlant que l'anglais et imposant aux acteurs qu'ils engageaient l'usage de la langue anglaise pendant les représentations:

Mon mari était né à Ottawa, il se faisait qu'il parlait mieux son anglais que son français. Monsieur Guimond également était né en Ontario.

Arthur Petrie en 1922. (Photo: Famous Photo Studio; coll.: Juliette Petrie)

Affiche publicitaire. Théâtre *Bijou*, Saint-Hyacinthe, 1914. (Coll.: Juliette Petrie)

La troupe d'Arthur Petrie en 1923: «Les poupées françaises» avec les «comics»: Bozo (Al Beaumond) et Joseph (Eugène Martel). (Coll.: Juliette Petrie)

La troupe d'Arthur Petrie en 1923: Arthur Petrie, Joseph (Eugène Martel), Germaine Lippé, Bozo (Al Beaumond), Juliette Petrie et «Les poupées françaises».
(Coll.: Juliette Petrie)

> Mais, petit à petit, ils ont emmené des éléments
> français dans leur spectacle, à cause évidemment de
> la population française de Montréal qui devenait de
> plus en plus nombreuse. Ils se sont vite aperçus que
> les rires venaient plus facilement du côté français
> que du côté anglais. Mais les propriétaires de
> théâtre leur disaient toujours: «We want
> english...»[34]

Or, les comédiens de la troupe de Tizoune, pour plaire à
tous et en même temps se conformer à la volonté de leur
employeur anglophone, choisirent un habile compromis:
les répliques données d'abord en anglais étaient
immédiatement traduites en français; le texte ainsi
«bilinguisé» se rendait en deux langues jusqu'au «punch»
final, lequel était exceptionnellement donné en primeur,
en français, avant d'être répété en anglais! Ils permettaient
ainsi au public francophone d'être le premier à savourer le
gag; mais, en revanche, nous imaginons bien par quelles
métamorphoses devait alors passer la langue! Henri
Deyglun en témoigne:

> Comment plaire au plus grand nombre? Et quelles
> étaient les attentes de ce plus grand nombre? Où se
> situait-il? Le burlesque «canayen» n'avait pas
> encore émergé rue Ste-Catherine; mais les
> directeurs n'étaient pas sans savoir que la «Main»
> comme on l'appelait remplissait le King Edward à
> craquer, ainsi que le Starland et le Midway. De
> fameux comiques de ce genre de spectacles, vieux
> comme le monde, mais que faute de références le
> peuple imaginait d'une expression moderne
> semblait être la voie où il fallait s'engager. Les
> interprètes parlaient une langue franco-américaine
> qui avait cours dans les manufactures et sur les
> rues. C'était un «franglais» d'avant la lettre, à
> cinquante pour cent de joual pour cinquante pour
> cent de sl(ang). Montréal n'a jamais parlé une
> langue plus bâtarde qu'au temps des «années

folles». Les comiques de burlesque (par ailleurs plein de talent) tiraient de leur baragouinage des effets comiques inouïs. Les Pic-Pic, Macaroni, Pizzi Wizzi, Tizoune et Paul Hébert commandaient des salaires énormes, pour l'époque. Leurs salles ne désemplissaient pas. [35]

Ce fut donc l'ère du bilinguisme qui s'ouvrit, jusqu'à ce qu'on réussisse à éliminer complètement l'anglais du spectacle; et c'est ainsi, qu'à la fin des années dix et au début des années vingt, au Québec, le français s'est progressivement installé sur la scène des variétés [36]. Quoique traduit en français, cependant, le burlesque conservait toujours le rythme et l'esprit des spectacles américains du début du siècle.

Les titres de quelques pièces, annoncées dans le journal *La Presse* et présentées au théâtre *Starland* par la troupe de Tizoune, à la fin de l'année 1920, attestent du «bilinguisme» de l'époque: *La grocerie du coin* (*La Presse,* 13 novembre 1920, p. 4), *The Black Statue* (*La Presse,* 27 novembre 1920, p. 4), *One day at the circus* (*La Presse,* 4 décembre 1920, p. 4) etc. Pour cinq ou dix sous la place en 1913 [37], et dix, quinze ou vingt-cinq cents le siège en 1928 [38], chacun y trouvait son compte [39]. Les comédies à l'affiche étaient choisies, en considération de critères économiques, pour être jouées par deux, trois ou quatre acteurs. La même raison motivait la présence sur scène d'une équipe minuscule comparativement à celle que connaîtront plus tard plusieurs théâtres:

> (...) on faisait rarement appel à des chanteurs étrangers à la troupe. Les mélodies étaient chantées soit par le principal comédien, soit par celle des danseuses qui avait la plus belle voix. D'ailleurs dans la troupe de Ti-Zoune, il n'y avait pas de véritable comédienne, c'est Effie Mac (Effie MacDonald) l'une des danseuses et l'épouse d'Olivier Guimond qui tenait tous les rôles féminins. [40]

Olivier Guimond père. Programme du *National*. Semaine du 15 septembre 1930.
(Bibliothèque nationale du Québec, département des manuscrits)

Olivier Guimond père. (Photo: Famous Photo Studio; coll.: Juliette Petrie)

Jack Fogarty et ses danseuses en 1922. (Photo: Jamous Famous Photo Studio; coll.: Juliette Petrie)

Au cours de l'automne 1922, Olivier Guimond et Arthur Petrie se séparèrent. Guimond s'en alla travailler avec Bobby Reed et Jack Forgetty (ou Fogarty), tandis que Petrie s'installait avec sa nouvelle troupe, baptisée «Les Poupées françaises», au *Ouimetoscope* d'abord, puis au *King Edward* ensuite[41]. Ce théâtre était situé, rue Saint-Laurent, juste en face du *Starland* où Petrie et Guimond avaient joué ensemble quelques années plus tôt. «La troupe (de Petrie) se composait de 3 musiciens, de 5 principaux (les principaux sont les comédiens du spectacle) et de 8 danseuses»[42]. Juliette Béliveau et Eugène Martel, mieux connu sous le nom de Joseph à la scène, faisaient partie de l'équipe. Joseph avait une façon particulière et personnelle d'amuser le public: il changeait quelques extraits de pièces du répertoire, comme *Les deux orphelines* ou *La dame aux camélias,* qu'il récitait ensuite pompeusement[43]. La troupe de Petrie connut alors un succès appréciable comme nous pouvons le lire dans *La Presse:* «Douze mille personnes ont assisté aux représentations de M. Arthur Petrie et de sa troupe au King Edward, ces dernières semaines. La troupe a obtenu un succès phénoménal; les costumes ont émerveillé tout le monde, ainsi que les nouvelles chansons et danses (...)»[44].

Un trop grand va-et-vient à l'intérieur des différentes troupes de cette période, comme dans celle de Petrie d'ailleurs, nous empêche de dresser ici une liste exhaustive de tous les membres de chacune d'entre elles, qui se déplaçaient souvent d'un théâtre à l'autre, une fois la saison terminée[45]. Cette fragilité ou cette instabilité apparente ne semble pas toutefois avoir nui à l'implantation du genre. Au contraire, tout changement de troupe ou toute nouvelle acquisition de membre était prétexte à une annonce ou à un court article dans le journal. On profitait toujours de ces mutations pour mousser le spectacle à venir, comme le prouvent ces quelques lignes:

ARRIVÉE DE TIZOUNE
AU THÉÂTRE NATIONAL
La semaine prochaine sera, au National, une
grande semaine car ce sera le début de
l'incomparable Tizoune avec une troupe très
nombreuse (...) Ces comédiens très connus nous
donneront une comédie musicale, «Poulet à la
Ring», qui sera un régal pour tous les amateurs de
ce genre de spectacle (...)[46]

C'est également au cours des années vingt que le
théâtre *National* fondé en 1900, et auquel on vient de faire
allusion, décida de rompre, du moins provisoirement, avec
la vocation qu'on lui connaissait, celle de présenter du
théâtre dit «sérieux». En effet, on engagea d'abord pour
la saison d'été 1923: Pizzy-Wizzy (? Rosenberg) et
Macaroni (Omer Guilbert). Le succès fut inespéré
et on remit du burlesque à l'affiche des saisons régulières
subséquentes[47]. Le *National* — dont la politique fut
rapidement imitée par d'autres directeurs de théâtre — prit
dès lors une nouvelle orientation qui en fit, comme nous
allons le voir, non seulement la grande maison du
burlesque à Montréal, mais aussi le véritable «palais du
rire» au Québec. Evidemment, il y avait eu avant lui le
théâtre *Royal* dont nous avons déjà parlé et, le
non moins célèbre *Gayety*. Mais, à ces deux endroits, on
assistait d'abord à des «shows» américains.

A chaque nouvelle saison, alors que le nombre de
jeunes comédiens venus se joindre aux équipes des plus
âgés grandissait, les théâtres devenaient plus nombreux à
afficher du burlesque. Et si, en 1914, Montréal ne
comptait que trois salles spécialisées dans ce genre de
spectacles, le *King Edward,* le *Midway* et le *Starland,*
totalisant à eux trois près de trois mille sièges disponibles,
elle pouvait accueillir, moins de quinze ans plus tard, soit
vers la fin des années vingt, près de sept mille cinq cents
spectateurs dans une douzaine de salles différentes[48]. Le
burlesque prenait donc une ampleur considérable. A

La «comic» Caroline (Juliette D'Argère). Programme du *National*. Semaine du 31 mai 1930. (Bibliothèque nationale du Québec, département des manuscrits, «programmes de théâtre»)

Le «comic» Swifty (Paddy Shaw). Programme de *l'Arlequin,* 29 septembre 1930.
(Bibliothèque nationale du Québec, département des manuscrits,
«programmes de théâtre»)

Googles (Teddy Burns) dans son costume de «comic» à la fin des années '20.
(Photo: Famous Photo Studio; coll.: Juliette Petrie)

Montréal et à Québec, il s'était trouvé un public fidèle et nombreux. Dans la Vieille Capitale, au cours de ces années, au moment où on ne faisait pas encore de véritables tournées, une troupe de la métropole s'installait soit à l'*Arlequin,* à l'*Impérial* ou au *Princess* pour toute la saison. Une saison comptait alors généralement quarante semaines.

Rappelons enfin que l'essor que connut le burlesque pendant cette période repose beaucoup sur l'utilisation de la langue vernaculaire — caution de succès encore aujourd'hui — dont sont responsables deux comédiens qui ont consacré toutes leurs énergies à donner du burlesque en français au public francophone du Québec. Ces pionniers hardis, répétons-le, furent Olivier Guimond père et Arthur Petrie. En répondant à la demande de leur auditoire, ils permirent non seulement au burlesque de s'implanter, mais ils lui donnèrent la chance de progresser rapidement, avant d'atteindre en quelques années l'âge d'or.

L'ÂGE D'OR (DE 1930 À 1950)

Après avoir connu des débuts modestes et difficiles, parce qu'il fallait d'abord se composer un répertoire, puis engager et initier des jeunes comédiens à un métier qu'ils devaient exercer dans des conditions matérielles presque inimaginables — en surmontant les réticences du clergé et des autorités civiles[49] — parce qu'il fallait aussi faire accepter aux propriétaires de théâtres de jouer dans la langue du public québécois, et parce qu'il fallait enfin remonter les années de dépression économique, le burlesque allait bientôt connaître, avec la venue des années trente, presque sans autre publicité que la rumeur populaire, une époque florissante.

Chose curieuse, toutefois, au moment même où il connaissait une très vaste popularité et touchait à ce qu'on appelle l'âge d'or, il commençait, en perdant sa «ligne de danseuses» avec la crise, à se travestir en vaudeville. Aussi, le burlesque, comme genre de variétés, par opposition au burlesque, comme genre dramatique, s'est en quelque sorte et paradoxalement éteint vers 1932. C'est-à-dire qu'en même temps que le répertoire dramatique du théâtre burlesque était véritablement diffusé à l'échelle du Québec, le genre de spectacles, auquel il avait été identifié en présentant une «ligne de filles», disparaissait.

Pour respecter la terminologie adoptée par les gens du métier, il serait donc peut-être plus juste de parler ici d'âge d'or des variétés. Quoi qu'il en soit, la «ligne de danseuses» en moins, le spectacle est demeuré à peu près le même au cours de toutes ces années. On désigne donc sous l'expression «d'âge d'or» la période où le burlesque — ou le vaudeville — était particulièrement florissant, non pas essentiellement en fonction de la qualité du spectacle lui-même, mais surtout à cause de la fréquentation de l'ensemble des salles du Québec. L'âge d'or, c'est à la fois un moment difficile, celui de la crise économique, où les artistes sont mal payés, mais c'est aussi une ère plus faste puisque les nombreux théâtres sont toujours remplis. Le burlesque est connu, répandu, fréquenté et aimé.

Cet âge rose allait débuter avec quatre ou cinq années capricieuses, puis s'affirmer jusqu'au début des années cinquante. On peut en constater l'apparition par une multiplication de salles consacrées au burlesque qui permirent à de plus en plus d'artistes de se produire et à un nombre toujours grandissant de spectateurs de se trouver un siège, non plus seulement dans un des théâtres de Montréal et de Québec, mais, dès lors, dans une des salles improvisées de province.

Parmi tous les théâtres spécialisés dans le spectacle de burlesque, il en est un qui mérite qu'on s'y attarde

davantage. D'une part, parce qu'il fut le plus brillant
reflet de tout ce qui se faisait dans les autres théâtres du
genre à la même période, et de tout ce qui s'est fait ailleurs
plus tard; d'autre part, parce que son seul nom suffit à
évoquer, encore aujourd'hui, à l'oreille de tous les
amateurs d'autrefois, la Belle Epoque du burlesque au
Québec. Ce théâtre, nous en avons déjà touché un mot,
c'est le célèbre *National*. Nous l'avons choisi comme
exemple, parmi la douzaine d'autres théâtres qui
présentaient à Montréal le même type de spectacles, non
seulement parce qu'il sut maintenir ses activités pendant
près de vingt ans, mais parce qu'il permit à plusieurs
jeunes artistes d'y faire leurs débuts et qu'il réunit sur sa
scène tous les grands noms du burlesque québécois.

Le *théâtre* National

C'est au début de 1930, deux ans après que les
théâtres, qui n'avaient pas les sorties réglementaires
exigées par la ville de Montréal, eurent fermé leurs portes
pour effectuer les rénovations requises[50], que le théâtre
National, où se produisaient alors les troupes de Guimond
et de Pizzy-Wizzy, fut acheté par la *Consolidated
Amusement.* Cette compagnie, dont Harold Vance était le
gérant, possédait déjà quatre théâtres à Montréal[51]. Elle
savait que plusieurs étaient demeurés fermés pour cause de
réparations et que, par conséquent, il serait facile de
trouver des comédiens disponibles. Vance décida donc de
créer une nouvelle troupe qui regrouperait sur la scène du
National tous les «as» du burlesque au Québec.

> Exception faite des troupes américaines qui
> venaient se produire à Montréal, cette troupe allait
> être la plus importante troupe de burlesque jamais
> constituée; 30 personnes en plus des musiciens: 10
> danseuses, 10 chorus boys et 10 principaux dont
> Olivier Guimond (Ti-Zoune), Charlie Ross
> (Pic-Pic), Juliette Béliveau, Raoul Léry, Hector
> Pellerin, Rose Rey Duzil, Marie-Jeanne Bélanger,

Chansonnier Souvenir du théâtre *National* à l'intérieur duquel on trouvait les paroles des principales chansons interprétées pendant le spectacle. (Coll.: Juliette Petrie)

Effie Mac (Mme Guimond), Arthur Petrie et
moi-même (Juliette Petrie). Cette association fit
faire un bond dans la qualité des spectacles,
puisqu'on avait réuni les forces des différentes
troupes. Les prix d'entrée grimpèrent de 0.40 à 0.50
puis à $1.00. [52]

Les vedettes recevaient vingt dollars de cachet par
semaine. On jouait les meilleures pièces de chacune des
troupes réunies. La représentation durait deux heures et
demie, la salle était toujours comble et le succès soutenu.
La saine compétition entre les comédiens engendrait une
qualité de spectacle qu'on n'avait pas encore connue.
«Pourtant cette super-troupe ne devait exister que 20
semaines, désagrégée lentement par des mesquineries, des
querelles et des intrigues de coulisses qui ne s'étaient non
plus jamais vues [53].» Cette expérience, si elle semblait se
solder par un échec, fut malgré tout positive. Elle permit
de roder une formule de spectacle qui sera reprise, six ans
plus tard, lorsque La Poune acceptera la direction du
théâtre.

Entre-temps, le «crash» de la bourse de New York,
survenu un an plus tôt, commençait à faire sentir ses effets
ici et les employeurs ne signèrent plus de contrats pour
toute une saison.

Le prix d'entrée qui l'année auparavant était de
$1.00 tomba à 0.15 puis à 0.10 puis à 0.08 et c'était
encore trop cher, nous ne pouvions plus remplir les
salles. Pour attirer le public, il fallut faire des
tirages d'épicerie pendant l'entracte. Trois fois la
semaine, il y avait les spectacles qu'on appelait
«soirées d'épicerie» où l'on faisait tirer des sacs
remplis de conserves! Les trois autres soirs c'était
les «soirées de viande». On avait engagé un
boucher qui venait sur scène dépecer un quartier de
bœuf dont les morceaux étaient partagés par les
heureux gagnants de cette triste loterie! Il n'était

> plus question de super-troupe, et plus de danseuses,
> plus de chanteurs et pour quand même réussir à
> donner un spectacle d'une heure trente on
> organisait des soirées d'amateurs, ce qui nous
> permettait de sauver des salaires. [54]

Comme il n'y avait plus de «ligne de danseuses», on parla
alors de vaudeville pour désigner les représentations à
l'affiche; la «ligne de filles», rappelons-le, étant la
spécificité du genre. Mais, «filles» ou pas, le répertoire
dramatique (de «bits» et de comédies) joué demeurait le
même. On faisait donc toujours du théâtre de burlesque
dans le cadre de ces représentations.

Au cours de ces années de crise économique, les
comédiens durent travailler sans relâche et pour presque
rien. Il n'était pas rare, comme le rapporte Juliette Petrie,
de les voir donner deux représentations par jour en
semaine et cinq le week-end. Par exemple, première
représentation en début d'après-midi au théâtre *Cartier* à
Saint-Henri... Après avoir entassé dans un camion
costumes, décors et accessoires, direction rue Papineau où
le spectacle suivant débutait à seize heures au théâtre
Dominion. Ensuite, retour au *Cartier* avec tout le bagage
pour la seconde représentation qui avait lieu à dix-huit
heures trente. Puis, nouveau déménagement au *Dominion*
pour vingt heures. Après quoi, on ramenait le tout une fois
de plus au *Cartier,* où le spectacle de vingt et une heure
trente clôturait la soirée. «(...) Tout cela pour $40.00 par
semaine, pour nous deux mon mari et moi, et cela en
fournissant toujours les rideaux, les costumes, les
partitions musicales et les pièces[55].»

Ces années sombres, dont il peut sembler curieux
de retracer l'histoire sous la rubrique «l'âge d'or», allaient
préparer la renaissance du *National* et engendrer cette
Belle Epoque dont nous parlions plus tôt.

En 1936, la compagnie *France Film,* qui venait
d'acquérir le *National,* éprouva d'abord du mal à trouver

quelqu'un qui accepterait de prendre le risque de diriger le théâtre pendant l'été, saison difficile et habituellement considérée comme morte. Rose Ouellette, qui avait été directrice du *Cartier* de 1928 à 1936, accepta ce poste de direction. Elle mit sur pied une nouvelle troupe en réengageant tous les comédiens en chômage, puisque plusieurs théâtres s'étaient convertis en cinémas pour la période estivale. Cette femme véhémente et obstinée signa un premier contrat de dix semaines et demeura à la tête du théâtre pendant dix-sept ans. «Tous les records de longévité, d'assistance et de popularité, dit-elle, furent dès lors battus, du moins dans le genre. Je le dis sans prétention, parce qu'on me l'a dit[56].»

> Les spectacles de La Poune étaient évidemment ignorés de l'élite montréalaise, et snobés par la presse ou la radio naissante. C'était la foule des travailleurs, des chômeurs, des petites gens comme disent certains, en majorité des femmes, qui emplissait chaque soir le *National* (...)[57]

Mis à part ce public assidu et enthousiaste, fait d'habitués du quartier et des environs, il y avait aussi les spectateurs venus de l'extérieur de la ville.

> (...) on partait de partout pour venir au *National*. Les «provinciaux», ajoute La Poune, on me l'a déjà révélé, faisaient des projets: «Quand on ira à Montréal, on visitera l'Oratoire Saint-Joseph, le Musée de Cire, le Parc Belmont et La Poune!»

> Dans la salle, outre les habitués de la classe ouvrière, il y avait aussi (...) des spectateurs d'Outremont, des dames de la haute, des professionnels (...)[58]

Pour la première saison d'été, La Poune avait engagé tous ses comédiens à pourcentage. Juliette Petrie, qui faisait alors partie de la distribution avec son mari qui fournissait pièces, décors et costumes, affirme qu'ils

Rose Ouellette et Léo Rivet en 1942. (Photo: Pierre Sawaya; Archives du *Théâtre des Variétés;* coll.: Gilles Latulippe)

La directrice du théâtre *National* de 1936 à 1953: Rose Ouellette «La Poune».
(Coll.: Jean Grimaldi)

reçurent ensemble, comme salaire, la somme de dix-huit dollars par semaine durant tout l'été, c'est-à-dire neuf dollars chacun[59]. Le prix d'entrée, fixé à vingt sous durant la période estivale, fut haussé à vingt-cinq l'automne venu et les salaires augmentèrent. Les réguliers de la troupe étaient alors: Rose Ouellette, Paul Hébert, Marie-Jeanne Bélanger, Hector Pellerin, Guy Robert, Paul Foucreault, Simone De Varennes, Raoul Léry, Reynaldo, Paul Thériault, Arthur Petrie (qui dut quitter la troupe quelque temps plus tard), Juliette Petrie, Eva Prégent, Georges Leduc, Charles Lorrain et Paul Desmarteaux[60]. La troupe comptait, en moyenne, quatorze comédiens, auxquels venaient se joindre, de façon épisodique, quelques danseurs et danseuses. Puis, il y avait aussi un orchestre composé de quatre ou cinq musiciens.

Le programme complet du spectacle, comme celui des années précédentes, comprenait deux grands films français, les actualités, les dessins animés et un spectacle sur scène avec «La Poune et sa troupe». La représentation théâtrale commençait avec une ouverture musicale, qui était suivie d'un court drame. On présentait ensuite des petits sketches d'une dizaine de minutes ou des monologues, suivis d'attractions, d'actes de vaudeville ou de numéros de spécialités: instrumentistes, acrobates, prestidigitateurs, etc. La grande comédie clôturait la soirée. Les danseuses se produisaient, enfin, entre les différents numéros.

Les ouvertures musicales étaient, en quelque sorte, de petites opérettes, d'une durée de quinze à vingt minutes, dans lesquelles les artistes chantaient des chansons généralement connues de l'auditoire. Chacun des membres de la troupe interprétait une chanson qu'il avait lui-même choisie et proposée au responsable de l'ouverture musicale, conformément à un thème préalablement convenu[61]. Ce responsable inventait une histoire à partir des chansons qui lui étaient soumises. Comme l'expliquait Paul Thériault, ce n'était donc pas

Au théâtre *National*, au cours des années '40. Assis: Juliette Petrie, Liliane Dawson et Georges Leduc. Debout: Pierre Thériault, René Duval, Denise Dequoy et Rose Ouellette. (Photo: Pierre Sawaya; coll.: Juliette Petrie)

tant l'ouverture musicale comme telle qui était à écrire, mais plutôt les textes d'enchaînements[62].

Si certains comédiens en ont écrit quelques-unes, il y eut malgré tout des maîtres du genre. Hector Pellerin fut un de ceux-là. Il en créa plusieurs aux titres évocateurs: *Tout le monde flirte* (programme du théâtre *National,* 17 mars 1930), *Parmi la pègre* (programme *National,* 19 janvier 1931), *En Orient,* (programme *National,* 26 janvier 1931), *Chez les Peaux Rouges* (programme *National,* 9 février 1931), *Un soir d'Amour* (programme *National,* 23 mars 1931), etc. Laissées à l'inspiration de celui ou de celle qui en assumait la charge, ces ouvertures pouvaient indifféremment être comiques ou dramatiques. Les sujets en étaient fort variés comme l'attestent ces quelques titres.

Par ailleurs, pour souligner les événements spéciaux, on montait aussi de grandes revues dont les principales fêtes religieuses ou civiles du calendrier: Pâques, Noël, le Vendredi Saint, l'Armistice, la St-Jean Baptiste, l'arrivée du printemps, etc. Juliette Petrie raconte qu'un Vendredi Saint, ils montèrent un sketch dramatique sur la crucifixion du Christ et, qu'une veille de Noël, ils représentèrent «La Charlotte prie Notre-Dame», dans un décor «reconstituant le portail de Notre-Dame de Paris». A Pâques, ils fleurissaient la scène en montant un décor fait de pommiers ou de lilas[63]. La Poune ajoute un autre exemple: «Il y eut aussi la Grande Revue de la Victoire à la fin de la guerre dont la dernière scène se terminait par un gigantesque V tout en lumière, dressé au fond de la scène autour duquel se déroulait la grande finale»[64].

A l'enseigne de la variété et de la diversité, c'était ensuite un chanteur ou une chanteuse, voire un comédien ou une comédienne, qui venait interpréter quelques chansons devant le rideau, le temps de changer les décors pour le drame qui allait suivre. On pouvait aussi jouer un «bit» avant ce drame, qu'il serait vraisemblablement plus

Hector Pellerin a signé plusieurs des ouvertures musicales présentées au *National*.
Programme du *National*. Semaine du 26 octobre 1929. (Bibliothèque nationale du
Québec, département des manuscrits)

juste d'appeler mélodrame. Rose Rey-Duzil et Raoul Léry furent les comédiens attitrés aux drames du *National;* mais, au besoin, d'autres membres de la troupe pouvaient se joindre à eux. Si certains comédiens prétendent avoir écrit plus d'un drame et que la directrice de la troupe affirme qu'ils étaient toujours mémorisés[65], Rose Rey-Duzil soutient, pour sa part, qu'ils étaient souvent improvisés. Il semblerait, en effet, que Léry et elle décidaient du scénario quelques minutes avant le spectacle. Par exemple, Raoul Léry lui disait: «tu joueras le rôle d'une petite fille qui a perdu son père, etc.» puis, ils entraient en scène. Ce drame, d'une quinzaine de minutes, également très apprécié par le public, aurait donc été improvisé, tout comme la comédie. Les réactions du public, qui se laissait facilement émouvoir, alimentaient le jeu des acteurs[66]. «Ainsi donc, ce bon public venait au théâtre *National* pour pleurer à chaudes larmes ou pour rire de bon cœur. Il lui fallait les deux à la fois[67].»

Puis, venaient l'entracte où l'on procédait aux tirages[68] et à la vente des «chansonniers», c'est-à-dire des programmes à l'intérieur desquels se trouvaient les paroles, et occasionnellement la musique, des principales chansons interprétées pendant le spectacle[69]. Marc Forrez raconte, qu'une quinzaine d'années plus tôt, cette vente de chansonniers était assumée par les acteurs qui, de cette manière, arrondissaient leur maigre salaire[70]. Ils pouvaient, par la même occasion, remarquer la présence dans la salle de spectateurs qui auraient, dit-on, préféré passer inaperçus.

On offrait au public deux représentations par jour, sept jours par semaine et on changeait complètement de programme d'une semaine à l'autre, parfois même deux fois la semaine! Les répétitions de la comédie se faisaient donc rapidement, *ad lib.,* en fin de soirée ou le samedi une heure avant le spectacle de quatorze heures. On continuait à monter des adaptations américaines ou on imaginait «une petite histoire qui était amplifiée par tout un chacun;

Ouverture musicale *En Orient* avec, entre autres, Olivier Guimond fils.
(Photo: Pierre Sawaya; coll.: Jean Grimaldi)

Sketch dramatique sur la crucifixion pour le Vendredi Saint.
(Photo: Pierre Sawaya; coll.: Jean Grimaldi)

Une ouverture montée spécialement pour le temps des Fêtes.
(Photo: Pierre Sawaya; coll.: Paul Thériault)

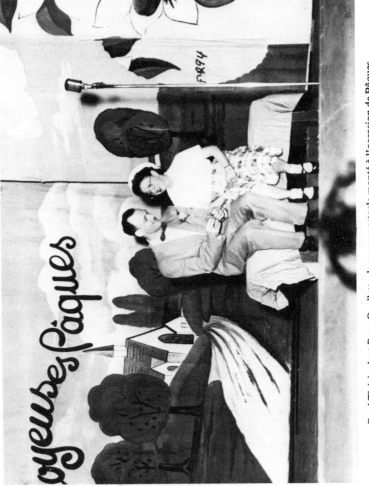

Paul Thériault et Rose Ouellette dans un spectacle monté à l'occasion de Pâques.
(Photo: Pierre Sawaya; coll.: Jean Grimaldi)

ça faisait une comédie»[71]. Les décors de ces comédies ou des ouvertures musicales étaient, semble-t-il, prêtés au *National* par le théâtre *Arcade:*

> On avait de gros décors dans le temps où nous étions au *National.* On nous envoyait les décors dont on s'était servi pour jouer le drame à l'*Arcade.* On retournait à l'*Arcade* ceux dont nous avions terminé et on rebrossait pour faire d'autres décors pour le théâtre *Arcade* qui changeait de programme chaque semaine aussi. Ça a toujours été de très beaux décors. Il y a toujours eu un peintre qui travaillait à la semaine pour les décors.[72]

Nous aurons l'occasion de revenir sur la description détaillée du spectacle au cours du deuxième chapitre. Rappelons, avant de terminer, que la saison s'étendait sur quarante semaines; c'est ainsi que, l'été venu, à partir des années trente, les comédiens comme les troubadours d'antan, partirent en tournées. La période estivale fut dorénavant consacrée à celui qu'ils avaient jusque-là particulièrement délaissé: le public de province.

Les tournées

Ce fut durant cette période héroïque qu'on inaugura l'ère des grandes tournées à travers le Québec et la Nouvelle-Angleterre. Les comédiens de tournées ont alors conquis un public important et, de Gaspé à Rouyn, ils surent le garder pendant près de vingt ans. Ils assurèrent ainsi le rayonnement du burlesque sur tout le Québec.

C'est à Jean Grimaldi que revient le mérite d'avoir, en pleine crise économique, réconforté le public de province, en menant régulièrement et systématiquement les premières tournées à travers le Québec[73]. Grimaldi, parti de Cherbourg, était arrivé au pays quelques années plus tôt et avait travaillé au théâtre *National,* à côté de Guimond père, dans les ouvertures musicales d'Hector

Raoul Léry, comédien attitré aux drames du *National*. Programme du *National*.
Semaine du 4 août 1930. (Bibliothèque nationale du Québec,
département des manuscrits)

Pellerin. Au début des années trente, La Bolduc lui proposa de prendre la direction de son spectacle, c'est-à-dire de devenir directeur de tournées et d'être, à la fois, producteur, chanteur, chauffeur, accessoiriste, etc., pour trente-cinq dollars par semaine[74]. Grimaldi accepta. «Quelques années plus tard, grâce à un sens de l'organisation assez extraordinaire, c'était lui qui engageait Guimond pour aller le produire aux Etats-Unis»[75]. Guimond père était connu jusqu'à New York, où il joua à plusieurs reprises avec Grimaldi.

Il faut imaginer, à l'époque, l'aventure que ce pouvait être que de partir en tournées, à huit ou neuf dans une voiture à cinq places avec bagages, costumes, affiches et le minimum de décors. Les comédiens étaient alors leurs propres publicitaires et devaient garnir d'affiches les poteaux du village où ils jouaient[76]. La publicité, d'ailleurs, tant à la campagne qu'à la ville, était à peu près inexistante. En milieu urbain, seuls de rares journaux acceptaient d'annoncer ces spectacles[77]. On distribuait donc, occasionnellement, de porte à porte, des circulaires-annonces[78]. Et, avant l'avènement de la marquise électrique, une banderole de toile fixée sur la devanture du théâtre annonçait, en lettres peintes en rouge, le nom du comédien-vedette et de sa troupe[79]. Le bouche à oreille demeurait, finalement, la méthode publicitaire la plus efficace.

Les décors de tournées se résumaient à l'essentiel. On choisissait, pour la saison estivale, de jouer des ouvertures et des comédies qui ne nécessitaient pas un ameublement complet. «Nous demandions, dit Paul Thériault, aux gens où nous allions jouer de nous fournir les meubles dont nous avions besoin. En tournée, les meubles étaient simplement placés devant le cyclorama[80].» Un peu comme à la ville, d'ailleurs, où pendant la crise les décors furent moins élaborés...

Chansonnier Souvenir de la troupe de Jean Grimaldi. (Coll.: Jean Grimaldi)

Affiche publicitaire de la troupe d'Eddy Gélinas. (Coll.: Raymond Boily)

Affiche publicitaire. (Coll.: Jean Grimaldi)

L'accueil réservé par le public de province aux comédiens en tournée était fort chaleureux. Il n'était pas rare que la fête continue chez les spectateurs, lors de soirées qui ne se terminaient souvent qu'aux petites heures du matin.

Au début de ces tournées mémorables, Grimaldi offrait un spectacle dit de «Bon Vieux Temps». La Bolduc en était la vedette[81]. Mais, il réalisa rapidement qu'il gagnerait à ajouter des éléments comiques à son spectacle. C'est ainsi qu'il recruta des comédiens pour qui, dit-il, il écrivit des comédies «sur mesure»[82]. Le nouveau spectacle qu'il mit sur pied était à l'image de ceux qu'on présentait en ville: ouverture musicale, actes de vaudeville, sketches et grande comédie.

Au même moment, Guimond fils, qui sortait du collège Mont Saint-Louis, faisait ses débuts au théâtre *Impérial* de Trois-Rivières, aux côtés de son père qu'il accompagna ensuite six mois, à Québec, au théâtre *Impérial*[83]. Puis, il fut prêt à voler de ses propres ailes. Jean Grimaldi et La Bolduc sautèrent sur l'occasion. Ils l'engagèrent donc pour trente-cinq dollars par semaine, de même que Manda qui était aussi disponible. Ceux-ci formèrent le couple de «comics» de la troupe[84]. Puis, avec les années, tous les autres grands «burlesquers» participèrent épisodiquement aux tournées de Grimaldi qui, avec sa nouvelle formule, faisaient fureur. Parmi les principaux comédiens et comédiennes qui travaillèrent avec lui, mentionnons Teddy Burns, Marcel Dequoy, Alexis Saint-Charles, les Guimond, Paul Desmarteaux, et de nombreux autres. Grimaldi et sa troupe jouèrent, au Québec, de l'Abitibi à l'Ile d'Anticosti. Il y a quelques années, Guimond fils racontait à un journaliste qui l'interviewait:

> C'est vieux ça mon petit garçon. Il n'y avait pas de chemin entre Amos et Val D'Or. On faisait ça en bateau. Il y avait deux prix: une piastre, et

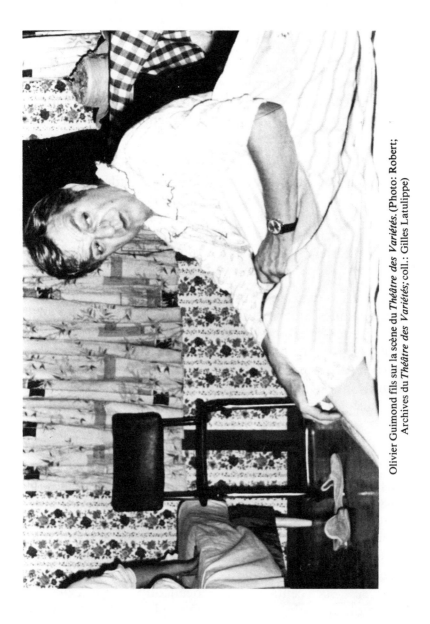

Olivier Guimond fils sur la scène du *Théâtre des Variétés*. (Photo: Robert; Archives du *Théâtre des Variétés*; coll.: Gilles Latulippe)

soixante-quinze cents pour ceux qui avaient leur chaise. Les gens traversaient tout le village avec leur chaise au bras.[85]

Les spectacles avaient rarement lieu sur de véritables scènes parce qu'il en existait peu. Il se déroulaient surtout dans les salles paroissiales, dans les sous-sols d'églises[86], ou comme le souligne Juliette Petrie, dans tout autre local, plus ou moins approprié, momentanément aménagé pour accueillir les comédiens.

Les routes, les hôtels et les théâtres n'étaient pas comme aujourd'hui. Le premier endroit où nous avons dû jouer, était un garage d'autos usagées. On avait déplacé les autos en montre et on avait construit un praticable rudimentaire avec des madriers.[87]

La Belle Epoque de ces tournées à travers le Québec et l'Ontario «(...) mais aussi dans les provinces de l'Ouest, dans quelques Etats américains (...) et partout où il y avait du 'French-speaking audience' (comme disait Guimond)»[88] allait durer vingt ans... «à raison de trois tournées de douze semaines par année»[89]. Les comédiens de burlesque «faisaient» donc, alternativement la ville et la province. Pendant qu'une équipe était en tournée, les autres se partageaient l'affiche des théâtres des grandes villes, particulièrement de Montréal et de Québec.

Jean Grimaldi, après avoir «lancé» plusieurs jeunes artistes, abandonna finalement ces tournées et acheta, en 1948, le théâtre *Canadien*. Il y engagea plusieurs des acteurs et actrices qui avaient participé aux tournées qu'il avait dirigées: «Olivier Guimond fils, Manda Parent, Paul Desmarteaux, Aline Duval, Paul Thériault», etc.[90] Son succès fut si éclatant que cette salle devint, rapidement, avec ses six cents sièges, beaucoup trop exiguë[91]. Grimaldi, qui n'allait maintenant plus à l'extérieur de Montréal que l'été, fit alors, avec Michel Custom, l'acquisition du *Gayety,* qui comptait près de quatre cents places supplémentaires. Il le rebaptisa du nom de *Radio-Cité.* C'était en 1953, la télévision s'implantait chaque jour davantage et Rose Ouellette, de son côté, décidait de délaisser la direction du *National* qu'elle assurait depuis dix-sept ans:

> (...) je ne pensais pas rester là 17 ans! On renouvelait mon contrat de dix semaines en dix semaines en prenant bien soin d'inclure les quatorze artistes de ma troupe. (...) Après 23 ans de directorat, un besoin de changement se faisait pressant. Bien sûr, il y a eu le phénomène de la télévision. Mais il ne faut pas oublier la venue des cabarets, des clubs. C'était tentant pour tout le monde.[92]

Avec le départ de Rose Ouellette du *National,* les belles années de celui-ci prenaient fin en même temps que l'âge d'or du genre. Au début des années cinquante, le public se mit à délaisser les théâtres pour fréquenter les cabarets naissants ou, plus simplement, s'asseoir en face de la télévision, cette mystérieuse inconnue qui captait tous les regards en entrant «doucement» dans chacun des foyers.

Le «straight» Paul Thériault et la «comic» Juliette Béliveau.
(Photo: Pierre Sawaya; coll.: Paul Thériault)

Une ouverture musicale au théâtre *Canadien* à la fin des années '40. Liliane Dawson, Pat Gagnon, Claude Blanchard, Paul Thériault, René Duval, Carole Mercure et Paolo Noël. (Photo. Pierre Sawaya; coll.: Paul Thériault)

Olivier Guimond fils, Liliane Dawson, Juliette Petrie et Manda Parent entre autres membres de la troupe dans une ouverture musicale. (Photo: Pierre Sawaya; coll.: Jean Grimaldi)

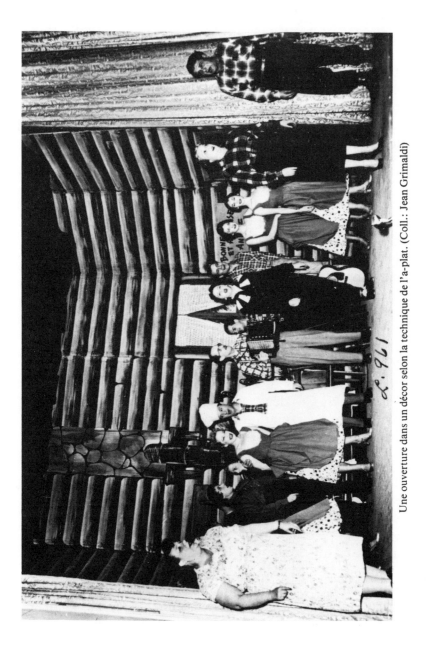

Une ouverture dans un décor selon la technique de l'a-plat. (Coll.: Jean Grimaldi)

LE DÉCLIN (DE 1950 À NOS JOURS)

Avant de glisser rapidement sur la pente du déclin provoqué, comme nous venons de le voir, par la venue des cabarets[93] et de la télévision, le burlesque connut, à une quinzaine d'années d'intervalle, deux regains de vie. Le premier coïncide avec la relance, par Custom[94] et Grimaldi, de l'ancien *Gayety:* le *Radio-Cité,* dont nous allons maintenant parler, tandis que le second a été provoqué par Gilles Latulippe qui inaugura, en 1967, le *Théâtre des Variétés.*

Si le nom du *National* évoque à lui seul toute une époque, celui du *Gayety* en fait autant. C'était là, en effet, qu'on pouvait voir, au début du siècle, les gros spectacles de burlesque venus des Etats-Unis[95]. Même s'il changea fréquemment de nom[96], il resta fidèle au genre, et plusieurs se souviendront de cette salle, spécialisée dans le spectacle de variétés, où l'on pouvait applaudir acrobate, chanteur, danseur, magicien; mais, surtout, en fin de spectacle, Peaches ou Lily Saint-Cyr, cette «espèce de gloire nationale» qui fut toujours présentée comme une vedette d'Hollywood, bien qu'elle fût originaire de la ville de Québec[97]! Ces deux célèbres effeuilleuses attirèrent, au début des années quarante, toujours plus de monde que ne pouvait en contenir le théâtre[98].

Quelques années plus tard, les autorités civiles de Montréal décidèrent de nettoyer la ville de ses «vices» et ordonnèrent le fermeture du *Gayety.* En 1953, quand il fut vendu à Jean Grimaldi et à Michel Custom, il était donc fermé. Ses propriétaires en firent à nouveau un théâtre de variétés et lui donnèrent le nom de *Radio-Cité.* Olivier Guimond fils, Manda Parent, Rose Ouellette (qui était maintenant disponible ayant quitté le *National*), Juliette Petrie, Paul Desmarteaux et plusieurs autres en furent les nouvelles vedettes.

Dès son ouverture, le *Radio-Cité* fut un succès. Il présentait des spectacles dans la grande tradition de ceux qu'on avait connu lors des beaux jours du *National,* en réunissant sur sa scène une trentaine d'artistes: des comédiens, des comédiennes, des danseurs, des danseuses, un orchestre et une super-vedette alors de passage au Québec, comme Charles Trenet, Lucienne Boyer, Georges Guétary, etc.

Avec le nouveau départ pris par le *Radio-Cité* en 1953, on croyait, comme en témoigne cet article tiré du journal *Le Canada,* que le burlesque québécois allait connaître une nouvelle apogée. «Jamais on n'avait vu assistances aussi considérables dans ce coin-là, près de 3,500 personnes par jour»[99].

Jean Grimaldi fait sa rentrée dans l'ancien Théâtre Gayety

Jean Grimaldi fait sa rentrée. Le public exulte. Adieu Lili St-Cyr!

C'est en effet dans l'ancien théâtre Gayety (prononcer désormais «Radio-Cité») que la troupe du «Canadien» affrontera de nouveau, samedi soir, le vaste public qui affectionne la comique Manda, l'hilarant Ti-Zoune (junior), la divine Lilian Dawson, l'indescriptible Paul Desmarteaux, Reynaldo, Aline Duval, Paul Thériault et une quinzaine d'autres, sous la direction de Jean Grimaldi.

Non! Le théâtre authentiquement canadien-français n'est pas mort! Le théâtre strictement et uniquement canadien-français connaîtra une autre apogée. Son âge d'or n'est pas révolu.

Rappelons que MM. Grimaldi et Michel Custom ont récemment fait l'acquisition du «Gayety», que l'on appellera maintenant «Le Théâtre Radio-Cité».

Tous les soirs, le public «roulera de rire» en assistant aux comédies toujours adaptées à lui, en

Jean Grimaldi au *Radio-Cité* en 1953. (Photo: Pierre Sawaya; coll.: Jean Grimaldi)

Jean Grimaldi et Juliette Petrie. (Photo Pierre Sawaya; coll.: Jean Grimaldi)

Tizoune Jr et Liliane Dawson sur la scène du *Radio-Cité*.
(Photo: Pierre Sawaya; coll.: Jean Grimaldi)

Chansonnier Souvenir du Radio-Cité en 1953. (Coll.: Jean Grimaldi)

entendant les blagues dans un langage qui lui est familier, avec des comédiens de «chez nous», des artistes de «chez nous», des jeunes talents de «chez nous».

Au cours d'une conférence de presse, hier soir, M. Grimaldi a précisé que l'orchestre d'Howard Ceager jouera de la bonne musique, et souvent de la musique originale, écrite spécialement pour les pièces.

La première pièce, qui sera présentée samedi, porte un titre qui en dit long: «Dans l'Ouest, ma chère». C'est une comédie «à vous faire tordre».

Jean Grimaldi est optimiste, car il connaît son public et la grande confiance que ce même public lui témoigne. Il n'entend pas recourir aux artistes étrangers. Il estime que les gens de chez nous ont suffisamment prouvé qu'ils peuvent rivaliser avec l'étranger et apporter au public un divertissement qui soit à sa portée. Chaque semaine, un artiste invité sera au programme. Cette semaine, M. Grimaldi réserve une surprise.

A noter que le Théâtre Radio-Cité continue de projeter des films avant les spectacles quotidiens, sur le plus grand écran de Montréal.[100]

Mais rapidement le *Radio-Cité* se ressentit de la compétition écrasante que lui menaient la télévision et les cabarets. Et, malgré des débuts exceptionnels, il dut lui aussi fermer ses portes en 1955.

L'avènement des cabarets et de la télévision

L'arrivée des cabarets et de la télévision, au début des années cinquante, obligèrent le burlesque à se retrancher peu à peu jusqu'à la disparition complète des salles consacrées. Grimaldi, qui avait vendu le *Radio-Cité,* tenta une dernière fois sa chance en achetant le *National.*

Carole Mercure, Paul Thériault, Paul Desmarteaux et Manda Parent au *Café St-Jacques* au cours des années '50. (Photo: Pierre Sawaya; coll.: Paul Thériault)

Les affaires n'allèrent guère mieux et il dut, une fois de plus, abdiquer. Il faudra alors attendre une dizaine d'années avant de voir renaître le burlesque sur une scène de théâtre.

Tandis que le septième art gagnait progressivement la faveur populaire, certains théâtres profitèrent de ce vent favorable pour se convertir en salles de cinéma. D'autres fermèrent ou disparurent, comme ces deux théâtres de la «Main» qui avaient connu, quelques trente ans plus tôt, les débuts du burlesque en français: le *Starland* et le *King Edward* devenu, plus tard, le *Roxy*. Ceux qui restèrent, enfin, furent petit à petit délaissés par les artistes qui poursuivirent leur carrière dans les nouveaux cabarets qui poussaient ici et là.

Avec l'avènement des cabarets, les directeurs de troupes modifièrent, au besoin, la conduite générale des spectacles, pour permettre aux artistes qui le désiraient d'aller y donner une représentation en fin de soirée. Mais, tous voulaient faire du cabaret. Ils y étaient beaucoup mieux rémunérés. Il devenait donc de plus en plus difficile de présenter au théâtre un spectacle convenable. Par exemple, tel chanteur devait quitter trente minutes avant la fin du spectacle, ou tel comédien ne pouvait pas être de la distribution de la grande comédie, telle semaine, parce qu'il avait un engagement ailleurs, etc.[101] On essayait, malgré tout, d'offrir un spectacle honnête et intéressant. Mais le public, par ailleurs, venait moins. Il restait davantage chez lui, puisqu'on lui proposait désormais, chaque soir, un divertissement différent. Juliette Petrie raconte qu'au début de l'émission *Les Plouffe* (1953), diffusée le mercredi soir sur les ondes de Radio-Canada, il n'y avait pratiquement plus personne dans la salle[102].

La télévision allait finalement achever le burlesque, non pas seulement parce qu'elle retenait plus de spectateurs à la maison, mais aussi parce qu'elle tenta de réutiliser une formule, un genre de spectacles qui, d'une part, nécessitait fondamentalement la présence du public et qui, d'autre part, était devenu très coûteux à produire. Les artistes réclamaient maintenant des salaires plus élevés, parce qu'au cabaret, ils avaient été largement rémunérés pour présenter deux ou trois sketches qu'ils puisaient dans le répertoire. Une fois à la télévision, ils demandèrent donc des conditions similaires.

C'est la télévision privée Télé-Métropole, qui la première engagea régulièrement ces comédiens. Certains d'entre eux, toutefois, travaillaient occasionnellement à la télévision d'état depuis 1958, année où on avait découvert Olivier Guimond fils, alors qu'il participait, à la *Comédie-canadienne,* à un spectacle-bénéfice au profit des journalistes en grève de Radio-Canada [103]. A compter de ce moment-là, tous connurent Tizoune Junior. On l'invita, avec Paul Desmarteaux, au *Music-Hall* (30 octobre 1955 — 29 mai 1956) de Michèle Tisseyre. Puis, on lui confia des séries. A Télé-Métropole *Cré Basile* (septembre 1965 — juin 1970) et à Radio-Canada *Smash* (28 janvier 1971 — 11 mars 1971) et *La branche d'Olivier* (10 septembre 1970 — 17 décembre 1970). Les autres comédiens faisaient, tour à tour, leur apparition à *Dix sur Dix* (été 61 — été 64, en 1962 cette émission s'intitule *Sur le toit*), *Réal Giguère Illimité* (septembre 1967 — juin 1972), *Les Trois cloches* (juin 1967 — juin 1968), *Madame est servie* (juin 1969 — juin 1973), *Vaudeville* (juin 1969 — juin 1970), *Les Couche-tard* (8 septembre 1961 — 30 mai 1970), *Appelez-moi Lise* (18 septembre 1972 — 7 octobre 1976), *Moi et l'Autre* (11 octobre 1966 — 31 août 1971), etc.

Télé-Métropole, avec son émission *Claude Blanchard* (1967 à 1973), animée par l'artiste du même nom, avait tenté de réexploiter la formule du théâtre burlesque. Léo Rivet écrivait des sketches: «cinquante sketches de dix à quinze secondes» et il ajoute «des idées qu'on prenait sur des émissions américaines» [104]. Il en fut de même avec l'émission *Vaudeville,* animée par Monique

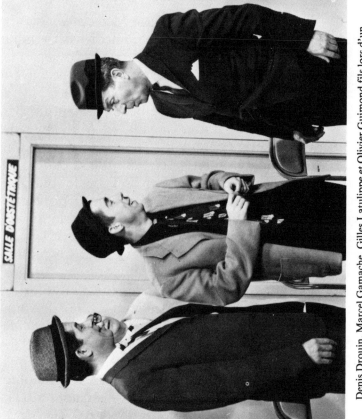

Denis Drouin, Marcel Gamache, Gilles Latulippe et Olivier Guimond fils lors d'un enregistrement de l'émission *Cré Basile* à Télé-Métropole. (Archives du Théâtre des Variétés; coll.: Gilles Latulippe. Neg. 489, dossier no 151; CFTM-TV, Canal 10)

Vermont et Jacques Desrosiers (39 émissions diffusées de septembre 1969 à mai 1970), où Juliette Petrie avait été engagée pour fournir les canevas et jouer dans les sketches. Mais ces émissions étaient vraisemblablement trop coûteuses. Puis, il semble aussi qu'il était difficile pour des comédiens qui avaient toujours travaillé *ad lib.*, de s'astreindre à la télévision à un minutage exact et de jouer sans la présence du public qui modelait, en quelque sorte, par ses réactions, la conduite des sketches et des comédies. Il fallait retourner au théâtre. Gilles Latulippe tenta une dernière relance en ouvrant son *Théâtre des Variétés*.

Le Théâtre des Variétés

Le *Théâtre des Variétés* fut longtemps connu sous le nom de théâtre *Dominion*[105]. Mais, vers 1925, c'était à des «vues animées» — du cinéma muet il va de soi — et, comme le voulait la mode du temps, à des concours de chanteurs amateurs que le public était convié. Durant les années trente, tout en continuant à projeter des films, la compagnie *Confederation Theatres,* qui exploitait quelques salles, dont le *Dominion* et le *Cartier,* fit place aux artistes de burlesque. Manda Parent, Rose Ouellette, Juliette Petrie, Marcel Dequoy, Eugène Martel, Pic-Pic, Swifty et Pizzy-Wizzy y travaillèrent alors. Le *Dominion* fut ensuite vendu à la compagnie *Ciné-can* et redevint essentiellement une salle de cinéma: le *Figaro*. En 1965, l'édifice fut loué aux Témoins de Jéhovah qui s'en servirent pour leurs cérémonies religieuses en y aménageant dans la fosse d'orchestre un bain servant aux baptêmes par immersion[106]. L'immeuble devait, en 1967, passer aux mains de Gilles Latulippe qui en est l'actuel propriétaire. Celui-ci rénova d'abord le théâtre; et comme, depuis près d'une quinzaine d'années, il n'existait plus à Montréal aucune salle de spectacle où pouvaient se produire les artistes de variétés et les «burlesquers» de la Belle Epoque, il décida d'y aménager le *Théâtre des Variétés*[107].

Marcel Dequoy. Programme du *National*. Semaine du 28 juin 1930.
(Bibliothèque nationale du Québec, département des manuscrits)

La «comic» Manda Parent. Programme du *National*. Semaine du 31 mai 1930.
(Bibliothèque nationale du Québec, département des manuscrits)

De l'extérieur, presque rien ne différencie cette bâtisse des cinémas du quartier. Pourtant, en 1967, sur sa scène, un genre y renaissait. De septembre à juin, sept soirs par semaine, Gilles Latulippe a permis à ce qu'on appelait ici, au début du siècle, le burlesque, d'y revivre. Le *Théâtre des Variétés* se voulait une sorte de survivance des années quarante, époque où le *National* présentait des spectacles qui firent rire la métropole toute entière. Après sa fermeture et celle des autres salles du même type, il ne s'était trouvé aucun directeur de théâtre pour assurer la relève. Gilles Latulippe a accepté le défi. Le 23 septembre 1967, Juliette Béliveau consacrait le théâtre au rire en frappant les trois coups traditionnels qui marquèrent l'ouverture officielle. Olivier Guimond fils en était la première vedette. Depuis maintenant quatorze ans, le *Théâtre des Variétés* demeure un haut lieu du divertissement. En avril 1978, on fêtait la 3,000ième représentation.

Au fil des années les spectacles ont évolué. Le théâtre fut d'abord, l'espace de quelques saisons, fidèle à une certaine tradition de la variété, telle qu'on l'avait connue à Montréal au cours de ce siècle. Puis il prit, au début des années soixante-dix, une nouvelle orientation, davantage axée sur la revue et la comédie musicale ou, à l'occasion, sur le music-hall[108]. Voici donc comment se structuraient respectivement ces spectacles.

Au début, les représentations commençaient avec la projection de deux films français, suivis d'un spectacle de variétés où les artistes présentaient des numéros de spécialités. Il s'agissait généralement de tours de chant offerts par un chanteur vedette et un ou deux autres chanteurs présentés en vedettes américaines. Entre les différents tours de chant ou les différentes parties du spectacle, on jouait de courts sketches pour permettre les changements de décors. S'il n'y avait pas de «ligne de danseuses», conformément à la coutume de la fin des années vingt et du début des années trente, il y avait par ailleurs la grande comédie qui venait en complément de programme et qui était encore vivement attendue.

La plupart des comédiens et des comédiennes qui travaillèrent alors au *Théâtre des Variétés* avaient connu l'âge d'or du burlesque: Rose Ouellette, Manda Parent, Paul Desmarteaux, Olivier Guimond fils, Paul Thériault, Jean Grimaldi, etc. Tous connaissaient le répertoire et ils y puisaient les «bits» et les comédies qu'ils montaient. Comme personne n'ignorait la trame ou le canevas de ces pièces, les répétitions se faisaient rapidement le mercredi. Il s'agissait plutôt d'une rencontre visant d'abord à se partager les rôles et où on répétait une fois *ad lib.* le spectacle à venir. Selon l'habitude des années trente, on changeait le programme à chaque semaine; le nouveau prenant l'affiche le lundi.

Puis, avec la disparition des grands «burlesquers», retraités ou disparus, il devint de plus en plus difficile de trouver de jeunes acteurs pour assurer la relève. Ceux-ci ne connaissaient pas ces pièces d'origine américaine, transmises ici oralement d'une génération de comédiens à une autre. Alors, on altéra la formule et, à compter de la saison 1972-73, Gilles Latulippe commença à écrire des revues et des comédies musicales dont, dit-il, il puise certaines scènes dans le répertoire traditionnel du burlesque[109]. Il put ainsi assurer une relève en fournissant des textes aux nouveaux comédiens et en faisant revivre un répertoire populaire méconnu.

Peu de temps avant que le théâtre n'offre plus de comédies tirées du répertoire, les films projetés en début de soirée furent remplacés par des ouvertures musicales, semblables à celles jadis présentées au *National,* qui comme leur nom l'indique «ouvraient» le spectacle. On doit la plupart de celles-ci aux talents jumelés de Fernand Gignac et de Gilles Latulippe qui choisissaient, respectivement, chansons et textes autour d'un thème convenu au départ. Toute la troupe participait à ces ouvertures[110].

Gilles Latulippe dans *L'autre bord de la rivière Charlie* au *Théâtre des Variétés*.
(Photo: Robert; Archives du *Théâtre des Variétés*;coll.: Gilles Latulippe)

Manda Parent, Paul Desmarteaux et Gilles Latulippe au *Théâtre des Variétés*.
(Photo: Robert; Archives du *Théâtre des Variétés*; coll.: Gilles Latulippe)

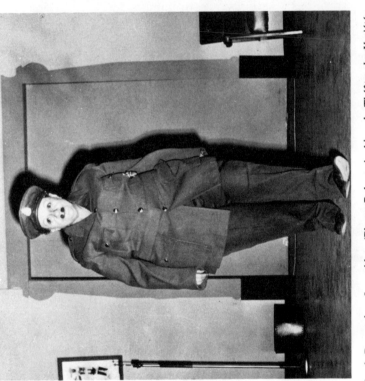

Manda Parent dans *Les soldats*. (Photo: Robert; Archives du *Théâtre des Variétés*; coll.: Gilles Latulippe)

Le théâtre fut, dès lors, ouvert trente-cinq semaines par année, sept jours par semaine, avec deux représentations le samedi. Les spectacles demeurèrent d'abord à l'affiche un mois, puis trois à compter de 1974. Trois spectacles par saison, soit de septembre à juin, sont maintenant offerts.

Le théâtre emploie aujourd'hui une cinquantaine de personnes (artistes, techniciens de scène, placiers, caissières, etc.) dont six font partie de l'équipe permanente. Gilles Latulippe est l'unique propriétaire du *Théâtre des Variétés*. Il en assume également la direction.

Ce théâtre non-subventionné tire ses recettes d'un public varié qui vient non seulement de Montréal, mais de partout en province. Si, autrefois, de passage dans la Métropole, on visitait «l'Oratoire Saint-Joseph, le Musée de Cire, le Parc Belmont et La Poune», aujourd'hui les groupes se déplaçant en autobus nolisés s'arrêtent plutôt au canal 10 (pour assister à l'enregistrement de l'émission *Les tannants*), à Radio-Canada (émission *Les Coque-luches*), puis terminent leur soirée en ville au *Théâtre des Variétés*. Des baies vitrées du hall d'entrée du théâtre, nous apercevons souvent, le soir, quelques autobus garés sur la rue Papineau qui reprendront après le spectacle les visiteurs heureux d'avoir passé quelques heures agréables. La salle est remplie, ou presque, chaque soir et les réservations se font tôt. Les billets se vendent souvent un an à l'avance et cela, dit-on, même si le directeur n'a pas arrêté son choix sur la programmation à venir!

Il règne dans cette salle une atmosphère unique qui nous rappelle la Belle Epoque et qu'on ne peut passer sous silence tant elle permet une communication intime entre les comédiens et le public. Les spectateurs, en effet, font à cause des comédiens engagés par Latulippe, partie intégrante du spectacle, dans la mesure où leurs réactions guident le jeu des acteurs. Car les professionnels du métier, comme Manda ou La Poune, «ne peuvent pas s'empêcher de travailler leur public. C'est leur école, comme un sculpteur va travailler le bois»[111]. Cette façon peu commune et originale de jouer risque elle aussi, comme le répertoire, de disparaître avec eux.

Au *Théâtre des Variétés,* dernière institution du genre au Québec, on ressent physiquement le plaisir éprouvé par le public qui rit, parle et applaudit beaucoup. Assis dans la première rangée, entre les spectateurs et la scène, nous avons la sensation d'être placé entre deux feux qui se répondent sans arrêt. Nous avons également l'impression que ce genre de spectacles plaît toujours et qu'il est loin d'agoniser. Il s'éteint pourtant... non pas faute de public, mais parce qu'il n'y a plus personne pour assurer la relève des grands disparus. On ne joue presque plus le «vrai» répertoire, sauf occasionnellement quand ceux et celles qui restent montent sur scène pour jouer les bons vieux «bits» d'autrefois dans le style des pionniers du début du siècle. Mais, avec eux, s'évanouira vraisemblablement un genre de spectacles qui fut extraordinairement populaire au début des années trente et qui, depuis un vingtaine d'années, se meurt lentement. «Tous les sketches comiques ne sont pas écrits, il n'y a pas de recueil de ça, dit Gilles Latulippe. Ça se transmet d'un comique à l'autre, mais on va le transmettre à qui[112]?» Il faudrait, en effet, des «amateurs» particulièrement doués pour l'improvisation, et qui ne craindraient surtout pas de tremper dans une espèce de sous-art longtemps dévalué par la culture dominante, pour pouvoir annoncer de nos jours la reprise de *Pogne-la est folle, Mouve ton berlot* ou *Prend la tienne et lâche la mienne!*

Notes

1 Propos de l'animateur Fernand Seguin, en guise de présentation à Olivier Guimond fils. Emission *Le sel de la semaine* diffusée à la télévision de Radio-Canada le 8 novembre 1966. Fernand Seguin accueillait Olivier Guimond et Eugène Ionesco.

2 Né à Montréal, le 21 mai 1914, Guimond fils est décédé le 29 novembre 1971. Son père était disparu depuis 1955.

3 Nous n'avons pas retrouvé de condamnation spécifique de la part du clergé à l'endroit du burlesque. Nous imaginons cependant sans trop de peine quelle pouvait être son attitude face à cette espèce de «sous-genre» dramatique qui non seulement présentait des pièces, mais montrait aussi des films et des «filles» qui dansaient. Or, les mandements des évêques sont nombreux à faire état des dangers de la danse, du cinéma et du théâtre en général. Nous ne pouvons les citer tous, mais la lecture d'un extrait de la circulaire no 20, de Mgr l'Administrateur Apostolique au clergé du diocèse de Montréal, nous rappelle cette longue mésentente entre l'Eglise et le théâtre:

(...) Il n'est pas de sujet qui nous ait causé plus de soucis, et si vous voulez consulter la collection de nos Mandements et Circulaires, vous constaterez que dans le seul volume 13, il n'y a pas moins de cinq lettres sur les dangers des mauvais théâtres. (...) Le Théâtre est devenu l'une des distractions mondaines les plus répandues. Il peut devenir facilement l'une des distractions les plus périlleuses. (...) Il y a là une exhibition des mœurs qui ne peuvent être les mœurs d'une société normale, et qui ne sont qu'une école de vice et de scepticisme.

Je n'ai pas l'intention de m'étendre longuement sur ce sujet. Je ne puis m'empêcher de remarquer toutefois combien il est attristant de voir des catholiques, hommes ou jeunes gens, femmes ou jeunes filles, qui, par respect humain ou bravade, vont entendre des propos ou regarder des gestes dont il n'est pas possible qu'ils n'aient honte. Comme il est triste aussi de lire dans nos grands journaux, presque sans exception, l'annonce qui attire à ces spectacles. (...) (*In Mandements, lettres pastorales, circulaires et autres documents des Evêques du diocèse de Montréal,* tome 17, pp. 485-486).

Pour plus de détails concernant la position de l'Eglise à l'égard du théâtre, voir l'ouvrage de Jean Laflamme et de Rémi Tourangeau, *L'Eglise et le théâtre au Québec,* Montréal, Fides, (1979), 355 pages.

4 Parmi les théâtres qui, à la fin du XIXe et au tout début du XXe siècle, s'engagèrent sur la voie du burlesque américain, il faut particulièrement signaler le *Théâtre Royal* de la rue Côté à Montréal (cette rue est située au cœur du quadrilatère formé par les rues Saint-Urbain, Cheneville, Lagauchetière et Craig) qui, après son inauguration par la Compagnie de Vaudeville français de New York, fut l'hôte de plusieurs troupes américaines en tournées. Ce théâtre, dont l'ensemble des activités s'échelonnent sur quelque soixante et un ans (1852-1913), avec sa formule de spectacles à bas prix, en réservant une place de choix au vaudeville et au burlesque, influença

l'évolution du théâtre montréalais. (C'est au groupe de recherche en art populaire, dirigé par Raymond Montpetit à l'UQAM, et particulièrement à Sylvie Dufresne que nous devons bon nombre des informations sur l'histoire du *Théâtre Royal*.)

Jean-Marc Larrue dans sa thèse *L'activité dramatique à Montréal 1890-1900* (Montréal, McGill University, M.A., (1979), 490 pages) fait aussi état des premiers spectacles de burlesque présentés à Montréal par des troupes américaines. Il dresse d'ailleurs un relevé exhaustif des représentations offertes pendant la période étudiée.

Montpetit et Larrue confirment donc, par le dépouillement des journaux auquel ils se sont livrés, les informations recueillies sur le sujet au cours de nos enquêtes orales auprès des comédiens.

5 C'est à Québec que Marc Forrez — alias Emile Asselin — exerça d'abord son métier de comédien. Il y fonda, en 1936, les Artistes associés de Québec, qui fut probablement la première troupe professionnelle de la Vieille Capitale. Puis, il travailla aussi au poste de radio CHRC. A compter de 1941, cependant, il se rendit à Montréal où il put se consacrer essentiellement à son métier d'acteur.

Forrez est peut-être mieux connu comme étant celui qui a réécrit le mélodrame de Léon Petitjean et Henri Rollin: *Aurore l'enfant martyre*, pièce en 4 ou 5 actes selon le découpage et dont le manuscrit est conservé aux Archives du *Dictionnaire des œuvres littéraires du Québec*. Québec, Université Laval, 57 feuillets.

L'ensemble de ces informations provient de l'article d'Alonzo Leblanc, intitulé «La tradition théâtrale à Québec (1790-1973)», *in Le théâtre canadien français: évolution, témoignages, bibliographie, Archives des lettres canadiennes-françaises,* tome V, Montréal, Fides, (1976), pp. 218-220.

6 William Green, *A survey of the development of Burlesque in America.* Thesis, M.A., (1950), Columbia University, pp. 44-50.

7 Pour en connaître davantage sur l'histoire du burlesque aux Etats-Unis: Irving Zeidman, *The American Burlesque Show.* New York, Hawthorn Books Inc., (1967), 272 pages.

8 *La Presse* (Montréal), 7 février 1925, p. 38. (Annonce du 25e anniversaire du *Columbia Burlesque* au *Gayety*).

9 Parmi ces compagnies, il y avait aussi la *Vaudeville B.F. Keith-Albee* qui se partageait le marché avec la *Columbia Circuit.*

10 Juliette Petrie en entrevue, le 11 octobre 1978.

11 Marc Forrez en entrevue, le 15 novembre 1978. Pour décrire les principales caractéristiques du théâtre burlesque, tel qu'il apparaissait avant le début des années vingt, c'est à Marc Forrez que nous avons eu recours. Il s'est remémoré les spectacles auxquels il assistait, vers 1914, alors qu'il était étudiant à Québec.

«Quand j'étais à l'université, on descendait de temps en temps voir ça. (...) On y allait nous, les étudiants, précisément parce que c'était un théâtre pas recommandable. Comme les autorités avaient des commentaires peu élogieux, pour nous autres c'était une raison de plus pour y aller. (...) C'était surtout le public de Saint-Sauveur et de Saint-Roch qui assistait à ces spectacles. Nous autres on partait de la Haute-Ville pour descendre, mais les gens de la Haute-Ville, il y en avait très peu qui y allaient. On était étudiants. Nous, les étudiants, on allait au fou n'importe où. Mais fallait faire attention, parce qu'il y avait des rues dans lesquelles fallait pas s'aventurer. Passé la rue de la Couronne en allant vers l'Ouest et surtout passé le boulevard Langelier en allant vers l'Ouest c'était chasse gardée. Aurait fallu, pour aller là, s'habiller comme eux autres (les habitants des quartiers Saint-Sauveur et Saint-Roch), pis blasphémer, chiquer. Là, ils nous auraient peut-être trouvés encore un peu trop blancs, mais n'importe (...). Jusqu'au théâtre *Impérial*, là ça faisait. Mais passé ça, on ne se serait pas risqué.»

12 Swifty, de son vrai nom Paddy Shaw, était né en Angleterre. Il a d'abord joué aux Etats-Unis avant de s'installer au Québec.

13 Entre 1914 et 1915, Chaplin a tourné pour la *Keystone* 35 comédies de ce type.

14 Georges Sadoul, *Vie de Charlot. Charles Spencer Chaplin, ses films et son temps,* Paris Lherminier, (1978), p. 35. (Coll. «Le cinéma et son histoire»). (Les italiques sont de Sadoul).

15 A Montréal, dès 1915, il est possible de voir Chaplin dans *Out in the Train* (annonce du *Casino* dans *La Presse,* 29-09-1915), dans *The Bank* (annonce du *Dominion* dans *La Presse,* 20-10-1915) et un peu plus tard dans *A Day's pleasure* (annonce de l'*Impérial* dans *La Presse,* 03-01-1920). Puis, en 1925, en plus de voir Charlot (*The Gold Rush* est à l'affiche du *Capitol* — annonce *La Presse,* 03-10-1925), on peut découvrir «le meilleur comédien du cinéma dans sa meilleure vue Buster Keaton *Seven Chances*» (annonce du *Capitol* dans *La Presse,* 11-04-1925). Enfin *The General* avec Keaton toujours, est à l'affiche du *Loews* en 1927 (annonce du *Loews* dans *La Presse,* 19-02-1927).

16 Gilles Latulippe en entrevue, le 7 avril 1978.

17 L'exemple que nous donne ici Latulippe est en tous points semblable au sketch comique *Repairs* que Chaplin, âgé de 17 ans, avait monté avec son frère Sydney, de quatre ans son aîné, pour le music-hall. Ils y jouaient les rôles «de deux ouvriers maladroits (qui) saccageaient l'appartement qu'ils prétendaient remettre à neuf». (Sadoul, *Vie de Charlot,* pp. 16-17).

18 Latulippe, *entrevue déjà citée.*

19 Forrez, *entrevue déjà citée.*

20 *Ibid.*

21 Jean-Pierre Coursodon, *Keaton et Cie, les burlesques américains du «muet»,* Paris, Seghers, (1964), 205 pages.

22 Paul Thériault en entrevue, le 5 décembre 1978.

23 Forrez, *entrevue déjà citée.*

24 *The Montreal Daily Herald,* March 15, 1913. (Annonce du *King Edward Palace*).

100

Le burlesque au Québec

25 Forrez, *entrevue déjà citée.*

26 *Ibid.*

27 *Ibid.*

28 *Ibid.* Nosey Black ne fut assurément pas le seul à puiser ainsi dans des recueils de gags.

29 *Ibid.*

30 Benoît David, «Olivier Guimond. Le souvenir de ces grandes années qui ont fait de l'homme l'artiste que nous connaissons», *Le Journal des Vedettes* (Montréal), 21 octobre 1967.

31 *La Presse* (Montréal), 4 septembre 1920. (Annonce du théâtre *Starland*).

32 «Au sommet d'une carrière étonnante», s.l., 22 mars 1966. Nom de l'auteur et du périodique inconnus. Article provenant du fichier biographique de la Société Radio-Canada à Montréal.

33 Faisaient partie de la troupe d'Olivier Guimond en 1920: évidemment le «comic» Olivier Guimond, originaire d'Ontario, son «straight» Arthur Petrie, également ontarien d'origine, le second «comic» qu'on appelait aussi «the second banana» Moe Levy, Canadien anglais d'origine juive et Effie Mac, «écossaise comme les six autres danseuses du groupe». C'est à Juliette Petrie que nous devons l'ensemble de ces informations tirées de son ouvrage *Quand on revoit tout ça! Le burlesque au Québec 1914-1960*, Montréal, Les Editions Juliette Petrie, (1977), p. 35.

34 Benoît David, «C'est l'amour qui lui a fait rencontrer le plus beau métier du monde!», *Le Journal des Vedettes* (Montréal), 26 août 1967.

35 Henri Deyglun, *La petite histoire de l'histoire du spectacle au Québec 1920-1970. Les années folles (1920-1925),* Vol. 4, pp. 40-41. Cet extrait a été reproduit conformément au manuscrit dactylographié déposé aux Archives publiques du Canada, Fonds Henri Deyglun.

36 Il faut souligner cependant qu'il y eut à Montréal certains spectacles de variétés en français, au *Parc Sohmer* notamment. C'est là qu'Alfred Nohcor (Rochon de son vrai nom — les lettres sont simplement inversées) a fait ses débuts au tournant du siècle, avant de se produire au *Canadien*, «au *Star,* au *Majestic* et au *National*». Mais il semblerait bien qu'il s'agissait plutôt là de numéros de vaudeville ou «d'actes de vaudeville» que de burlesque au sens où nous l'avons entendu jusqu'à présent.

Sur Alfred Nohcor: Robert Prévost, *Que sont-ils devenus?,* Montréal, Editions Princeps, (1933), pp. 100 à 105.

37 *The Montreal Daily Herald,* March 1913. (Annonce du *King Edward.* Matinée: 5 cents, soirée: 10 cents.)

38 *La Presse* (Montréal), 18 février 1928. (Annonce du *King Edward.* Matinée: dix cents, soirée: quinze et vingt-cinq cents).

39 Une liste des frais d'admission dans les principaux théâtres de burlesque figure à l'appendice K.

40 Petrie, *op. cit.,* p. 37.

41 Il y avait alors d'autres troupes que celles de Guimond et de Petrie — auxquelles s'attarde surtout Juliette Petrie dans son livre, sans doute pour les avoir mieux connues — malheureusement nous possédons peu d'informations sur celle-ci, c'est-à-dire sur les troupes dirigées par Paul Hébert, Pic-Pic et Pizzy-Wizzy. Cela, d'une part, parce que les journaux de l'époque — lorsqu'ils en font mention — ne nous fournissent que de très rares renseignements à leur sujet et que, d'autre part, nous ne pouvons guère en recueillir davantage auprès des comédiens qui ont travaillé avec eux puisqu'ils sont quasi tous décédés aujourd'hui.

42 Petrie, *op. cit.,* p. 52.

43 *Ibid.*

44 Au *King Edward, La Presse* (Montréal), 3 septembre 1927, p. 50.

45 En raison du caractère en quelque sorte éphémère des troupes, nous en présentons un inventaire partiel à l'appendice J.

46 *La Presse* (Montréal), 2 mai 1925, p. 44.

47 Juliette Béliveau, par exemple, y joua pendant six années consécutives de 1926 à 1932. Denyse Martineau, dans son ouvrage *Juliette Béliveau,* consacre quelques pages à cette «époque de la comédie-bouffe», comme elle l'appelle. (Montréal, Editions de l'homme, (1970), pp. 113 à 120).

48 Pour connaître la liste détaillée de ces salles de spectacles, voir l'appendice L.

49 Cette inquiétude des autorités civiles et religieuses, à l'égard du burlesque et de ses artisans, peut vraisemblablement s'expliquer par le fait qu'au Etats-Unis ce genre de spectacles était, en définitive comme me l'écrivait Ralph G. Allen, dans une lettre personnelle en date du 20 juillet 1979, un «sex show»: «Burlesque, after all, was largely a sex show, although, as the name suggests, this kind of entertainment was originally centered on the comedians not the girls.» Les sketches et les comédies qu'on y jouait pouvaient, par ailleurs, être d'un goût douteux. Pour les désigner, on parle en anglais, de «blue material». C'est-à-dire de blagues qui frisent l'obscénité. On comprend donc aisément les craintes des autorités québécoises. Mais il faut, d'autre part, imaginer que les comédiens, s'ils adaptèrent le répertoire américain en ne gardant que «les rires certains pour le Québec», modifièrent, sans doute aussi, son contenu. Ils l'épurèrent, somme toute, pour éviter d'être la cible de toutes les critiques, rapportées aujourd'hui par plusieurs comédiens.

(Ralph G. Allen mène depuis quelques années des recherches sur le burlesque américain. Il est directeur du *Clarence Brown Theatre* de l'université du Tennessee et consultant en théâtre au *Kennedy Center* à Washington.)

Nous pouvons lire, nous l'avons déjà dit, plusieurs des communications émanant du clergé dans *L'Eglise et le Théâtre au Québec* de Jean Laflamme et Rémi Tourangeau.

50 En 1928, «la ville de Montréal décida de fermer tous les théâtres qui n'avaient pas les sorties réglementaires exigées par la nouvelle loi, que la ville avait adoptée suite au feu du Palais Laurier deux ans plus tôt». (*in* Petrie,

Quand on revoit tout ça!, p. 89). En fait il ne s'agissait pas d'une nouvelle loi, mais plutôt d'une directive visant à ce que soient appliqués les divers articles du règlement no 260 de la ville de Montréal: «Règlement à l'effet de réglementer la construction, la modification, la réparation, l'enlèvement et l'inspection des bâtiments dans la Cité de Montréal, et de prévenir les accidents par le feu». Il serait trop long de citer ici ce règlement, soulignons toutefois qu'il est longuement question de ces «sorties réglementaires». (*Les règlements de la ville de Montréal,* Bureau du greffier, Ville de Montréal).

51 Le *Palace,* le *Majestic,* l'*Orpheum* et le *Princess.* (*in* Petrie, *op. cit.,* p. 91).

52 Petrie, *op. cit.,* p. 91.

53 *Ibid.,* p. 93.

54 *Ibid.,* pp. 105-106.

55 *Ibid.,* p. 111. Aussi dans Laframboise, *La Poune,* p. 78.

56 Philippe Laframboise, *La Poune,* Montréal, Editions Héritage (1978), p. 95.

57 Robert Lévesque, «La Poune a toujours 12 ans», *Perspective / La Presse* (Montréal), 25 novembre 1978, p. 6.

58 Laframboise, *op. cit.,* p. 101.

59 Petrie, *Quand on revoit tout ça!,* p. 113.

60 *Ibid.,* p. 114, et Laframboise, *op. cit.,* pp. 96-97.

61 Léo Rivet précise: «On trouvait des chansons françaises qui allaient avec le thème de l'ouverture musicale. On décidait de qui aurait le rideau et avec quelle chanson; chacun notre semaine». (En entrevue, le 13 novembre 1981).

62 Thériault en entrevue, le 5 décembre 1978.

63 Petrie, *op. cit.,* pp. 115, 130 et 131.

64 Laframboise, *op. cit.,* pp. 99-100.

65 *Ibid.,* p. 96.

66 Rose Rey-Duzil en entrevue, le 30 novembre 1978.

67 Léopold Houlé, *L'Histoire du théâtre au Canada. Pour un retour aux classiques,* Montréal, Fides, (1945), p. 89.

68 Voir citation 54.

69 Thériault, *entrevue déjà citée.*

70 Forrez en entrevue, le 15 novembre 1978.

71 Thériault, *entrevue déjà citée.*

72 *Ibid.*

73 Il y avait eu avant lui la troupe d'Alfred Nohcor (aussi appelée, avant 1915, Rollin-Nohcor) qui avait effectué quelques tournées. Mais il semblerait bien que les régions de l'Abitibi et du Saguenay / Lac St-Jean, par exemple, n'avaient pas été visitées avant la venue de Grimaldi. «C'est ainsi (écrit-on en page 4 de *La Presse* du 4 septembre 1954) qu'il fut le premier

homme de théâtre à se rendre à Val D'Or, au temps où il n'y existait pas une maison pour divertir les premiers mineurs.»

74 En collaboration, *Jean Grimaldi présente,* Montréal, René Ferron Editeur (1973), p. 49.

75 Petrie, *Quand on revoit tout ça!,* p. 138.

76 Grimaldi en entrevue, le 17 octobre 1978.

77 Il y eut d'abord *La Presse* et, plus tard, *Radiomonde.*

78 Petrie en entrevue, le 20 octobre 1978.

79 Forrez en entrevue, le 15 novembre 1978.

80 Thériault, *entrevue déjà citée.*

81 En collaboration, *Jean Grimaldi présente,* p. 53.

82 Grimaldi, *entrevue déjà citée.*

83 Olivier Guimond fils travaillait comme «straight» dans la troupe paternelle. Au théâtre *Impérial,* à Trois-Rivières, où l'on présentait alternativement du cinéma et du burlesque, il jouait avec Juliette Béliveau dans un sketch intitulé *Beau et chaud.* Il a repris ce sketch à maintes reprises au cours de sa carrière, mais non plus comme «straight». Il était alors «first», c'est-à-dire «1er comic». Nous avons transcrit une version qu'il a présentée au *Théâtre des Variétés* avec, comme partenaire cette fois, Yolande Circe. Elle figure à l'appendice E.

84 En collaboration, *Jean Grimaldi présente,* p. 56.

85 Gérald Godin, «Le dernier de la dynastie Tizoune III», s.l., décembre 1963. Nom du périodique inconnu. Article provenant du fichier biographique de la Société Radio-Canada à Montréal.

86 Léo Rivet explique: «On jouait dans les sous-sols d'église et même dans l'église (*sic*). On enlevait les Saintes Espèces. On ne jouait rien d'osé; mais on jouait nos 'bits'. On jouait 60-40. Tant pour le curé, tant pour nous. On allait là à pourcentage. On jouait accompagné de l'harmonium. On jouait à la 'pompeuse': éclairage à la lampe qu'on pompait pendant que le partenaire parlait et quand je parlais l'autre allait pomper». (En entrevue, le 13 novembre 1981).

Jean Grimaldi ajoute qu'il arrivait aussi que le curé de paroisse les annonçait parfois en chaire. (En collaboration, *Jean Grimaldi présente,* p. 70).

87 Petrie, *op. cit.,* p. 138.

88 Godin, *loc. cit.*

89 En collaboration, *Jean Grimaldi présente,* p. 65.

90 *Ibid.,* p. 71.

91 «Grimaldi présente sa semaine d'adieu au *Canadien*». (Annonce *La Presse* (Montréal), le 6 juin 1953).

92 Murielle Gagné, «La Poune: avouez donc qu'elle vous a fait rire!», *Châtelaine,* (Montréal), vol. 21, no 9, septembre 1980, pp. 87 et 95.

93 Il faut souligner toutefois l'existence de quelques cabarets à Montréal (bien qu'ils ne figurent pas dans le *Lovell's*), cela dès 1930. Par

exemple, le *Kit Kat Cabaret,* situé au 1224 rue Stanley, et *Au Matou Botté,* situé au 1234 St-Denis. On y présentait des «Sketches nouveaux — Danseuses — Blagues politiques» (annonce du *Matou Botté, La Presse,* 18 janvier 1930). Mais le coût d'admission à ces endroits variait de $1.00 à $1.50 (Annonces *Matou Botté* et *Kit Kat Cabaret, La Presse,* 18 janvier 1930 — 19 avril 1930 — 17 mai 1930) et était, par conséquent, nettement plus élevé qu'au théâtre de burlesque, si on considère que, pour 10, 15 ou 25 cents, on pouvait trouver un siège à l'*Arcade,* par exemple, où jouait Paul Hébert et Pizzy-Wizzy (Annonce, *La Presse,* 12 avril 1930).

A notre connaissance, il n'existe pas de travaux étudiant le développement rapide des cabarets au début des années cinquante. Nous nous référons donc ici aux témoignages des comédiens qui y ont travaillé. On remarque, cependant, en consultant les annuaires Lovell's de la ville de Montréal qu'aucun établissement n'est répertorié, en 1951, sous les titres «cabarets», «clubs» et «cafés», tandis qu'on en compte près d'une dizaine en 1955 et environ une vingtaine en 1958 sous l'appellation de «clubs» et non de «cabarets».

A ce sujet, voir l'article de Pierre Beaulieu intitulé «La belle époque des nuits de Montréal» paru dans *La Presse,* 19 janvier 1980.

94 Michel Custom (ou Michael Customs) est aujourd'hui distributeur de films.

95 Les troupes américaines, jusqu'au début des années vingt, se produisaient aussi au *Her Majesty's,* au *Amherst* et, comme nous l'avons vu précédemment, au *Majestic* et au *Princess.*

96 En 1930, le *Gayety* donne, durant une brève période de temps, des pièces françaises. Il porte alors le nom de *Théâtre des Arts.* Puis, en 1932, il reprend, sous le nom de théâtre *Mayfair,* sa vocation initiale: la variété. En 1941, il retrouve son nom d'origine et surpasse tous ses rivaux. Chaque soir, la salle du *Gayety Burlesque Theatre* est remplie. Lily Saint-Cyr et Peaches en sont les grandes vedettes.

97 «De Montréal à Paris, de Lily Saint-Cyr à Feydeau, du *Gayety* au *TNM».* L'envers du décor (programme du *Théâtre du Nouveau-Monde,* Montréal), Volume 11, numéro 3, décembre 1978.

98 Mis à part le *Gayety* et quelques cabarets, come le *Blue Sky* situé en face et où se produisait Gypsy Rose Lee, rares étaient les théâtres à Montréal qui offraient du Strip-tease. (Le strip-tease intégral n'était d'ailleurs pas permis). Les théâtres spécialisés en spectacle de burlesque retenaient les services de danseuses: solo, duo, et «ligne de filles», mais presque jamais de strip-teaseuse. L'exception se produisait, occasionnellement, dans quelques théâtres de la «Main», quand on avait la certitude qu'aucun inspecteur, veillant au respect des bonnes mœurs dans la métropole, n'était dans la salle. Un comédien raconte que lorsqu'il travaillait au *Starland* une petite lumière rouge discrète s'allumait pour prévenir la danseuse de la présence «des gars de la moralité». Dès que la lumière s'éteignait, la danseuse pouvait laisser libre cours à son imagination.

99 En collaboration, *Jean Grimaldi présente,* p. 74.

100 Journal *Le Canada,* 18 septembre 1953. Archives municipales de la ville de Montréal, dossier «Théâtre».

101 Rose Ouellette explique: «Pour les artistes l'arrivée de la télévision a ouvert de nouveaux horizons. Des cachets attirants ont causé de fameux casse-tête aux directeurs et directrices de troupes de théâtre. Ils ont dû rajuster leur tir en conséquence. Les comédiens décrochaient des contrats ici et là, l'assiduité et la disponibilité souffraient d'un relâchement». (Gagné, «La Poune: avouez donc...», *Châtelaine,* p. 95).

102 Juliette Petrie en entrevue, le 11 octobre 1978.

103 On peut lire l'histoire de cette découverte de Guimond par Radio-Canada dans un article intitulé «Le talent de Guimond a vaincu le snobisme», *TV Hebdo,* vol. 1, no 4, 10-16 septembre 1960, pp. 4-5. «Coiffé d'un chapeau mou et avec mille visages, Olivier Guimond jr, (Ti-Zoune) a conquis 90% des téléspectateurs du réseau français. Presque tout le monde avait entendu parler de Ti-Zoune mais plusieurs n'avaient jamais vu le célèbre Ti-Zoune en scène. Il fallut une grève de réalisateurs, un spectacle gratuit et des comédiens snobs mais attentifs, pour servir de tremplin à Olivier. Et hop il était 'découvert'. On le trouvait sensationnel! On chuchotait dans les coulisses à la *Comédie-canadienne:* 'Mais il est formidable ce gars-là. Comment se fait-il qu'il ne fasse pas de TV?'

En moins de dix minutes, Olivier dans un simple sketch de routine avec Paul Desmarteaux avait ouvert les yeux à des comédiens et réalisateurs qui auparavant se pinçaient le nez lorsqu'on parlait de Théâtre *Canadien* et de troupe à Ti-Zoune.»

104 Léo Rivet en entrevue, le 13 novembre 1980.

105 Ce théâtre est situé dans un quartier de l'est de Montréal, le plateau Mont-Royal, au 4530 de la rue Papineau.

106 Gilles Latulippe en entrevue, le 7 avril 1978.

107 La plupart de ces informations proviennent de la *Monographie descriptive du Théâtre des Variétés* réalisée par Chantal Hébert et Philippe Dubé, Université Laval, juin 1978, 61 pages, et du travail de François Tellier et de Maurice Thibodeau sous la direction de Robert Claing, *Le Théâtre des Variétés,* Montréal, Cegep Ahunstic, novembre 1975, 69 pages.

108 Les revues de Guilda sont régulièrement à l'affiche du *Théâtre des Variétés:* 1971-72 *A Plume et à Poil,* 1972-73 *Nous ... les femmes,* 1973-74 *Plumes en folies,* 1974-75 *Guilda's Follies,* 1975-76 *Il était une fois,* 1976-77 *Tout feu, tout femme,* etc.

Il faut, par ailleurs, noter une exception à cette politique de la variété et de la comédie adoptée par le *Théâtre des Variétés:* les représentations, du 15 novembre au 12 décembre 1971, de *Bousille et les justes* de Gratien Gélinas.

109 Comédies musicales de Gilles Latulippe: *Su'l piton, Le lit de la grand mère* (écrit pour Guimond fils), *Vive Monsieur le maire, Deux filles pas comme les autres, La course au mariage, Il faut marier Ti-Pierre, Le voyage désorganisé, Madame, mon père, En veux-tu des problèmes, Le Sex shop, Les sept péchés capitaux, Balconville,* etc.

Le burlesque au Québec

110 La troupe «permanente» du *Théâtre des Variétés* était (en 1967-68-69-70) composée de Gilles Latulippe, Robert Desroches, Paul Desmarteaux, Paul Thériault, Manda Parent, Denise Andrieux, Suzanne Langlois, Francine Grimaldi et Jean Grimaldi.

111 Francine Grimaldi en entrevue, le 23 novembre 1978.

112 Jacques Samson, «Etre un comique, c'est le plus beau métier du monde», *Le Soleil* (Québec), 13 novembre 1976.

Les composantes
du théâtre burlesque

Les composantes
du théâtre burlesque

Cela est si bon de pouvoir ne point
mépriser ce que la foule admire...
André Gide, *Journal,* 1927[1].

Nous venons de retracer l'histoire du théâtre
burlesque au Québec, de ses origines à son déclin. Il nous
reste maintenant à décrire les différentes composantes qui
concouraient à la réalisation du spectacle considéré dans
son ensemble: les comédiens, le spectacle proprement dit
(ou représentation) et le répertoire.

La plupart des informations exposées dans ce
chapitre ont été recueillies, lors d'entrevues, auprès de
ceux et celles qui furent les principaux artisans du
burlesque chez nous. Pour compléter ou illustrer leurs
dires, nous nous référerons en outre à certaines interviews
qu'ils ou qu'elles accordèrent à la radio et à la télévision,
mais aussi à deux livres que nous avons d'ailleurs
régulièrement cités au premier chapitre. Il s'agit de *Quand
on revoit tout ça!*[2] de Juliette Petrie et de *La Poune*[3] de
Philippe Laframboise. Ces livres, nous l'avons vu, sont
actuellement les plus importants des rares ouvrages
québécois consacré au sujet.

LES COMÉDIENS

Les comédiens qui ont façonné l'histoire du théâtre burlesque au Québec furent plus nombreux qu'on ne pourrait l'imaginer, bien que tous n'apportèrent pas une contribution personnelle destinée à faire évoluer le genre. Si certains furent moins connus tels Charles Lorrain ou Marcel Dequoy, les deux noms des Guimond père et fils, par contre, evoquent à eux seuls les grands moments de cette histoire. Le fils, comme le père, joua pendant une quarantaine d'années. Et si, à leur instar, plusieurs acteurs firent carrière des années durant, en province comme en milieu urbain, certains autres ne se joignirent à une troupe que durant quelques saisons. On pourrait attribuer à ceux qui réussirent au cours des années à conserver la cote d'amour du public, une espèce de don, un sens inné pour la comédie. Cette faculté particulière est demeurée pendant près d'un demi-siècle, l'unique prérequis véritable pour accéder à la scène et l'aptitude indispensable pour y demeurer. Ce talent naturel, qu'il fallait chaque soir cultiver et raffiner, les comédiens du *ad lib.*[4] le perfectionnaient progressivement sur les planches, au contact direct du public. Ceux qui en étaient dépourvus devaient tôt ou tard se résigner à abandonner le métier car, comme le faisait remarquer Léo Rivet, «ça (jouer *ad lib.*) ne s'apprend pas; on l'a ou on l'a pas»[5]!

Les débuts de carrière

La plupart des comédiens de burlesque, qui consacrèrent leur vie à divertir les gens, firent leurs débuts au théâtre un peu par hasard et alors qu'ils étaient relativement jeunes.

C'est en 1899, alors qu'elle était âgée de dix ans, que Juliette Béliveau, qui amusa plus tard le public du théâtre *King Edward* puis celui du théâtre *National,* joua son premier rôle, celui d'une petite fille dans *La Meunière* au *Monument National.* Rose-Alma Ouellette, à l'insu de ses parents, gagna en 1915 son premier concours d'amateurs au théâtre *Ouimetoscope*. Agée de douze ans, elle remporta ce soir-là la somme de dix dollars. Les premiers prix étaient alors attribués selon la traditionnelle méthode qui permettait au public d'élire le gagnant. L'animateur de la soirée tendait successivement la main au-dessus de la tête de chaque candidat et l'auditoire déterminait le premier prix à partir de l'intensité de ses applaudissements[6]. Ces programmes d'amateurs, qui se déroulaient aussi dans les sous-sols d'églises et les salles de quartier, existaient dans plusieurs paroisses des villes de Montréal et de Québec. C'est en y participant que des fillettes comme Rose Ouellette[7] et Alys Robi[8], qui raflaient tous les prix, conquirent leur premier public. Si la jeune chanteuse Alys Robi était non seulement soutenue et encouragée dans ses efforts par ses parents, mais aussi guidée et en quelque sorte dirigée par son père dont elle dira qu'il a joué «un rôle déterminant» dans sa carrière puisqu'il «en fut l'instigateur, l'architecte et l'impressario»[9], d'autres enfants par contre, dont Rose Ouellette, qui désiraient également monter sur scène, éprouvèrent de la résistance de la part de leurs parents. Olivier Guimond fils dut lui aussi se heurter à l'opposition de son père qui ne souhaitait pas le voir suivre ses traces. Puis en 1930, ce dernier consentit enfin à laisser travailler son fils, pour la saison d'été, au théâtre *Impérial* de Trois-Rivières. «Il jouait avec Juliette Béliveau, dans un sketch intitulé *Beau et chaud*[10].» Guimond fils n'avait alors que seize ans et sortait du collège Mont Saint-Louis où il avait été pensionnaire pendant neuf ans. Il ne rêvait que de théâtre. Et si son père lui accorda de se joindre à la troupe, il n'empêche qu'il tenta de le décourager. Il fit en sorte que son fils dût encaisser chaque fois qu'il y avait des tartes et des coups à recevoir[11]. Pourtant, il était sans doute plus facile de devenir comédien de burlesque si on appartenait à une famille d'acteurs *ad lib.*

C'est encore à Trois-Rivières, au théâtre *Gaiété,*

Alys Robi, chanteuse. (Maurice Photo; coll.: Jean Grimaldi)

que Juliette Petrie fut engagée en 1922 à la suite d'une gageure; elle avait à peine vingt-deux ans.

Pour la jeune Mme Petrie, il n'était pas question de théâtre. Mais le hasard devait bientôt — et de nouveau — décider de sa destinée. Un jour que la troupe d'Olivier Guimond était en vacances, Arthur Petrie dut remplir un engagement à Trois-Rivières. Il n'avait pas encore sa troupe. Il lui fallut improviser... C'est alors qu'une tierce personne lui conseilla d'engager Juliette, sa femme. Le mari n'avait aucune confiance...

— Juliette, vous avez peur de monter sur la scène; je vous gage $25. que vous n'y arriverez jamais!

Et la personne en question perdit son $25. car Juliette Petrie monta sur la scène. Et s'en tira avec tous les honneurs.[12]

Plusieurs des artistes de burlesque, comédiens ou chanteurs, embrassèrent ainsi la carrière de façon tout à fait imprévue. Qu'on songe seulement à la manière dont Olivier Guimond père a fait son entrée dans le métier, ainsi que nous l'avons raconté au premier chapitre.

Si les débuts au théâtre étaient souvent question de hasard, la poursuite de la carrière l'était, en quelque sorte, tout autant. On commençait souvent par faire un numéro de spécialité: chanter, danser, jouer de l'harmonica, etc., avant de participer avec toute la troupe aux sketches et à la comédie. Puis, un soir, avec un peu de veine, on grimpait du rang d'amateur à celui de professionnel. On quittait fortuitement les seconds rôles pour les premiers. Cela se produisait soit à la suite d'un accident ou de la maladie d'un des membres de la troupe qu'il fallait doubler sans tarder, soit à cause d'une distribution incomplète qui devait rapidement être bouclée. C'est ainsi que Léo Rivet, qui était animateur dans les stades en plein air à Montréal, se vit un jour offrir de remplacer un comédien au *King*

Juliette Petrie à ses débuts en 1922. (Famous Photo Studio coll.: Juliette Petrie)

Edward[13]. Ces «passages» s'opéraient par hasard, lorsque la chance faisait un clin d'œil... On entrait accidentellement dans la carrière. Il ne restait qu'à faire ses preuves, cela sans entraînement antérieur approprié!

La formation du comédien et l'apprentissage du métier

Nos semeurs de rire sortirent tour à tour de l'usine ou de la manufacture, de l'école ou du collège avec la grande passion d'amuser et de faire rire. Qu'ils aient d'abord été ouvrière comme Rose Ouellette, mécanicien comme Réal Béland, couturière comme Juliette Petrie, étudiant comme Olivier Guimond fils ou vendeur de programmes comme Paul Desmarteaux, qu'ils aient ou non touché à trente-six métiers, une fois qu'ils eurent brûlés les planches, et parfois même avant, ils n'ambitionnaient plus qu'à divertir. Sachant qu'aucune école, sauf celle de l'expérience, ne pouvait les sensibiliser aux rudiments de l'art de la comédie improvisée, ils aspiraient avant tout à monter sur une scène. Choisir ce métier n'était pourtant pas chose aisée. On ne pouvait savoir, sans l'avoir expérimenté, si on était doué de ce subtil sens du «timing» et de la facilité d'élocution nécessaires à sa pratique. La scène fut donc la seule école des «as» de la comédie burlesque.

Tous ou presque y firent leur apprentissage sans avoir bénéficié antérieurement de la moindre formation d'acteur. Juliette Béliveau fut une des rares qui s'inscrivit vers 1901, pour un dollar par mois, aux cours de diction de Monsieur Prad à l'*Académie Marchand*[14], puis à ceux du *Conservatoire Lassalle* en 1905[15]. Quant aux autres, c'est seulement une fois derrière le rideau qu'ils se formèrent à la comédie burlesque. Ils apprirent leur métier selon la tradition de l'apprenti auprès du maître. C'est en observant les enseignements et les conseils de leurs aînés, qui maîtrisaient déjà avec adresse l'art de l'improvisation, que les acteurs-débutants acquirent petit à petit une

La «comic» Juliette Béliveau. Programme du *National*. Semaine du 16 septembre 1929.
(Bibliothèque nationale du Québec, département des manuscrits)

certaine assurance. Ils s'initièrent ainsi à cette méthode de travail spécifique au genre qui consistait à improviser un sketch ou une comédie sur un thème dont les grandes lignes seulement étaient établies à l'avance. Lorsqu'au cours des répétitions, les comédiens réalisaient qu'une histoire était drôle, ils brodaient une comédie à partir d'elle. Ils improvisaient sur de simples ébauches: chacun essayait de trouver le mot pour rire dans la réplique précédente et s'efforçait de faire naître un mot correspondant dans l'esprit de son partenaire. Au fur et à mesure des répliques, les «burlesquers» se plaisaient à exagérer au maximum les situations décrites ou jouées. En langage populaire, on parlerait aujourd'hui de véritable «charriage». Si certaines de ces trouvailles fortuites s'avéraient parfois fort heureuses, d'autres par contre l'étaient bien évidemment moins. Pour illustrer le procédé utilisé, notons à titre d'exemple quelques répliques extraites du sketch *Le juge,* où l'avocat, interprété par Paul Berval, interroge Gilles Latulippe qui joue le rôle de Maurice Phaneuf, un individu qui est accusé de meurtre et de viol.

> PAUL — Quel métier ou quelle profession exercez-vous?
> PHANEUF — Moé j'suis sardinier.
> PAUL — Ah! jardinier c'est un beau métier.
> PHANEUF — Non, sardinier.
> PAUL — Sardinier.
> PHANEUF — Ouais. J'travaille dans'es sardines.
> PAUL — Qu'est-ce que vous faites dans les sardines?
> PHANEUF — C'est moé qui change l'huile à tou'es mille milles.
> PAUL — Vous changez l'huile à tou'es mille milles.
> PHANEUF — A tou'es mille milles.
> PAUL — Les Brunswick j'suppose.[16]

On conçoit que cette méthode, si elle n'exigeait pas de longues répétitions pour permettre aux comédiens de mémoriser un rôle, nécessitait non seulement une imagination constamment aux aguets, mais également une présence d'esprit et un sens de la répartie qu'il n'était pas donné à tous de posséder. L'artiste du théâtre burlesque devait donc être doué du sens de la réplique et faire preuve d'un esprit preste et agile.

> Une heure avant le lever du rideau, on nous donnait l'idée d'ensemble d'une pièce comique et avec cet insuffisant canevas, il fallait se débrouiller. Nous ne devions pas attendre la réplique mais enchaîner *ad lib.* Théâtre improvisé qui exige un effort inouï mais quelle grande école.[17]

A vrai dire, cette gymnastique intellectuelle, commandée par le *ad lib.* et à laquelle devait s'astreindre l'acteur, demeurait la seule véritable école du théâtre burlesque.

> On apprend en travaillant avec les autres (disait Juliette Béliveau). Il faut avoir le feu sacré (et le sacré feu), l'étincelle, le diable au corps pour s'imposer coûte que coûte. Le music-hall, le vaudeville, les rôles de composition, la comédie, sont très difficiles parce qu'ils exigent une souplesse extraordinaire, la divination.[18]

C'est donc à travers cette longue pratique de la scène et de l'improvisation que le néophyte prenait du métier. En jouant et en regardant jouer, il faisait ses classes aux côtés d'acteurs plus expérimentés que lui, qui pouvaient au besoin le guider.

Outre l'absence de texte écrit ou littéraire et le fait qu'il ait fallu improviser à partir d'un canevas, d'autres circonstances pouvaient contraindre à l'improvisation: le retard de quelqu'un, une absence, ou encore un jeu qui pourrait sembler quelque peu décontracté... Ainsi, il pouvait arriver qu'un acteur, sorti de scène pour aller chercher un accessoire ou changer de costume, tarde à revenir, car il venait de rencontrer en coulisse quelqu'un avec qui il flânait. Ses partenaires, demeurés sur scène, devaient improviser jusqu'à son retour et parfois même lui suggérer, par certaines répliques, lancées avec plus d'insistance, de reparaître ou du moins de bien vouloir répondre [19]! Dans ces conditions, il faut imaginer quel trac pouvait éprouver le débutant, mais aussi les autres membres de la troupe, qui devaient souvent appréhender un manque de «timing», cette qualité rare et primordiale qui ciselait la comédie. Car si une réplique tombait mal à propos, était lancée de manière inopportune ou n'était pas dite au moment précis où elle devait l'être, son impact était escamoté. Le comique perdait tout son sens et l'effet était raté.

Dans ses mémoires, Juliette Petrie raconte une anecdote attestant des difficultés éprouvées dans l'apprentissage de ce «timing» qui pouvait s'échelonner sur des années.

J'étais donc sur scène et Guimond contait ses jokes et jouait sa scène. Il eut un bref silence et je crus que c'était le temps de lui poser ma question. Mais Ti-Zoune continua à parler d'autres choses, comme s'il ne m'avait pas entendue. Finalement je m'essaie une seconde fois sans succès. Guimond me regarde indifférent et continue d'improviser. Je me sentis ridicule, je n'avais pas l'intention de parler une troisième fois dans le vide. J'étais fâchée et je m'étais dit intérieurement: «Je ne parle plus, je vais bien voir ce qu'il va faire». Quand Guimond jugea que c'était le temps d'enchaîner, il me demanda, un sourire narquois au coin des lèvres: «Tu n'avais pas quelque chose à me demander?» Après la pièce, je sortis en furie de scène et j'allai me plaindre à mon mari. Pour toute réponse il me dit: «Tu vas apprendre. C'est ça qu'on appelle le timing». [20]

Mais le «timing» consiste aussi à savoir accompagner telle réplique de telle expression ou de telle moue éloquente. C'est ne pas parler au-dessus d'un rire. C'est un mot bien placé. C'est surtout être capable d'établir un rapport intime entre son jeu et les réactions de la salle. Le «timing» reste la qualité la plus difficile à acquérir dans la comédie; c'est là que jouer *ad lib.* devient un art. Et, malgré cette haute exigence réclamée par le métier, le jeune comédien du théâtre burlesque montait sur les planches, dépourvu de toute formation préalable. S'appuyant sur l'expérience des professionnels, il faisait son apprentissage, au fil des représentations, à force de patience et d'erreurs, au contact du public et des aînés qui l'aidaient à modeler son jeu, à améliorer chaque soir sa performance.

Le jeu des comédiens

Pour évoluer avec aisance dans ce genre à part, le comédien devait «faire constamment appel à une élocution facile, une improvisation rapide et une conscience critique constante afin de ne pas se répéter d'abord, et aussi afin de composer avec les réactions du public qui varie d'une représentation à l'autre»[21]. Au théâtre burlesque, ce jeu, en étroit accord avec la salle, revêtait une importance extrême. Les acteurs travaillaient selon l'auditoire. Il est presque impossible aujourd'hui de jouer ce genre de comédies à la télévision, par exemple, quand il n'y a pas de public en studio. Car c'est fondamentalement lui qui incitait jadis le comédien à trouver des choses drôles. Juliette Petrie disait: «Vous êtes obligés de trouver, parce qu'il faut que ça rie. Alors là, vous travaillez!»[22]

Les acteurs prenaient donc la salle à partie et jouaient selon la réception qu'elle leur accordait. Ils chargeaient en exagérant les mimiques et les scènes, en multipliant les apartés, pour aller chercher à tout prix un public inerte ou passif. Ils le provoquaient en le faisant participer le plus possible, c'est-à-dire en le questionnant: «Qu'est-ce que vous en pensez?», lançait-on, de façon à le faire murmurer ou applaudir. Par contre, ils évoluaient normalement quand celui-ci réagissait volontiers. Bref, ils jouaient différemment selon la salle à laquelle ils s'adressaient. Rose Ouellette explique ainsi son jeu:

> Quand le public est bon, là on le sent. Il va rire pour un rien. On travaille très très doucement. Mais quand le public est pas mal «gelé», là il faut travailler plus vite. Et puis moi je ne lâche pas. Il y a une manière de prendre son public. [23]

Et cette manière s'acquérait par la pratique, face aux spectateurs, puisque le jeu des acteurs n'était pas réglé par un metteur en scène. Pourtant, le succès de la comédie reposait principalement sur ce jeu, sur les attitudes et les mimiques clownesques des comédiens; cela particulièrement à l'époque du «slapstick», quoiqu'on puisse affirmer que d'une façon générale les effets comiques des pièces relevaient peu du scénario, les canevas étant de faible intérêt.

> Une bonne partie de l'humour burlesque provenait d'effets visuels. L'apparence physique des comédiens, ainsi que les accessoires dont ils se servaient, voilà ce qui suscitait l'amusement. Ils faisaient souvent rire au moment même où ils entraient en scène, à cause du ridicule achevé de leur maquillage et de leur costume. [24]

Nous pouvons juger de la prédominance de cet aspect visuel, dans les sketches et les comédies burlesques, en visionnant des vidéos et des films, ou même en écoutant des enregistrements sonores. Ainsi, un acteur entrait en scène, ne disait pas un mot et réussissait à enlever les rires de toute la salle. Les Guimond, père et fils, excellaient dans ce genre de procédés: cabrioles, pirouettes, contorsions, mimiques drôles, etc. La Poune se rappelle avoir vu travailler le père:

> Je me souviendrai toujours de son numéro de

«tapissier», numéro dans lequel il m'est arrivé de l'assister. Durant deux longues heures, sans dire un seul mot, il posait son papier-tenture en grimpant et en déboulant d'un escabeau placé sur la scène, avec une mimique, des effets... c'était à n'y plus tenir.[25]

Tous ceux qui auront assisté à un spectacle des Guimond se remémoreront ici l'extraordinaire souplesse qui les caractérisait. Ils avaient, par exemple, les jambes d'une flexibilité incroyable si bien que, dans des rôles d'ivrognes, il leur arrivait d'exécuter de véritables prouesses d'acrobates. Quant à leur physionomie, elle était inimitable et irrésistible. Leurs visages, d'une élasticité sans pareille, leur permettaient d'inventer mille et une grimaces destinées à faire rire le spectateur le plus impassible. Mais, d'une façon générale, tous les «comics», chacun à leur manière, tentaient d'en faire autant. C'était un des principaux moyens dont ils disposaient pour amuser leur auditoire.

Est-ce exagéré de dire que Guimond a un peu du grand Charlot en lui? Là encore nous disons non. Chaplin a toujours su mettre tous les membres de son corps en valeur pour parvenir à donner un rythme comique à ses gestes. Guimond fait de même. La façon de marcher et de tourner la canne était une marque de commerce pour Chaplin; c'était en plus une façon assurée de s'attirer des rires. La démarche de Guimond n'est pas casuelle. Elle est étudiée, répétée et pratiquée. Regarder Guimond monter un escalier en scène et vous verrez qu'il le fait d'une façon bien personnelle et comique.[26]

Chaque «comic» avait donc recours à des procédés qui lui étaient exclusifs: mimiques expressives ou comique verbal. On se rappellera encore, plus récemment, de l'inoubliable formule avec laquelle, seul, Guimond fils savait désarçonner son partenaire, se tirer de tous les

Une des irrésistibles mimiques de Tizoune Jr. (Photo Gaby; coll.: Jean Grimaldi)

pétrins et à laquelle inévitablement on l'associait. Sortie tout droit du petit écran à la fin des années soixante, combien de Québécois n'ont pas repris, un jour ou l'autre, cette fameuse locution propre à Tizoune Junior: «qu'a qu'a fa là, là?!»

Le «comic», qui était en quelque sorte «toujours en évidence puisque c'est lui qui avait les rires, la publicité, la popularité et l'argent»[27], avait cependant besoin, pour jouer pleinement son rôle dans le sketch et la comédie burlesque, d'un partenaire: le «straight» ou faire-valoir. Ensemble, ils formaient un couple qui pouvait s'apparenter à celui constitué au cirque par les clowns rouge et blanc. L'interdépendance de ces personnages clefs[28], sur qui reposait l'armature de la comédie *ad lib.,* tout comme l'élaboration de l'action, fonctionnait selon un très élémentaire principe d'opposition et les effets comiques naissaient, bien évidemment, du contraste entre ces deux types «qui ne pouvaient pas jouer de la même manière et qui ne devaient pas s'interchanger leur rôle»[29]. Le «comic», qu'on appelait «first» ou «banana», selon qu'il était premier ou deuxième «comic», était toujours — quoiqu'il fasse — un personnage agréable et plaisant. Il pouvait s'associer au bouffon, particulièrement avant 1920. Jadis déguisé comme un clown, c'est lui qui devait polariser les rires de l'auditoire. Il devait pressentir les attentes du public. Il avait pour rôle de juger s'il devait «en mettre ou en ôter». Le jeu était monté de telle sorte que, comme au cirque avec l'auguste, le public s'identifiât au «comic». Il riait de ses maladresses et ne lui tenait pas rigueur de ses incartades. Les spectateurs ont toujours sympathisé avec lui parce qu'il osait transgresser des interdits auxquels eux-mêmes n'osaient contrevenir.

A l'opposé, son acolyte, le «straight», jeune premier élégant, avait pour mission, selon les conventions du genre, de situer le scénario et d'édifier la trame du sketch ou de la comédie. Il mettait en place les situations et conduisait le développement de l'action dans un langage plus correct qui contrastait avec celui employé par son compère illettré. Il «servait la soupe au comic», il «lui donnait à manger» selon les expressions du métier. Il veillait enfin à ce que le «comic» ne se laisse pas emballer par les réactions du public. Il faisait en sorte qu'il évite les écarts, qu'il ne dévie pas trop du sujet, que l'intrigue soit bien amorcée et qu'elle se conclue à la tombée du rideau. Il était une sorte de meneur de jeu qui louvoyait entre les gags de son partenaire. Placé tantôt à la droite, tantôt à la gauche du «comic», selon l'immuable habitude qu'avait ce dernier de travailler[30], le «straight» avait finalement la responsabilité de donner les «cues» à son camarade, c'est-à-dire de le lancer sur une piste et de lui poser les bonnes questions afin qu'il ait ses rires. Puis, le dernier gag lancé, il s'esclaffait le premier pour «amener le rire aux autres... au public»[31]. Son jeu déterminait la durée minimum de la comédie.

Le burlesque supposait donc des acteurs ingénieux, qui savaient saisir avec précision le bon moment pour lancer la réplique («timing»), qui n'interrompaient pas leur partenaire de façon mal à propos, et dont la vivacité d'esprit n'était pas étouffée. Ainsi, selon la réaction du public, ils pouvaient varier leur jeu et leur discours à chaque représentation. Et c'était là l'essentiel, puisqu'ils jouaient d'abord pour donner au client ce qu'il demandait. Le public réclamait aussi des adresses verbales du même type que les impératifs physiques (chant, danse, acrobatie) auxquels les acteurs de burlesque devaient également répondre en racontant des blagues, des histoires, des monologues.

Conçues fondamentalement pour le plaisir du spectateur, les comédies du théâtre burlesque devaient, avant tout, être amusantes et divertissantes. Elles reposaient, relaxaient l'esprit et proposaient enfin de fortes doses de rire, souvent provoquées par des plaisanteries érotiques, illogiques ou scatologiques. La facture des pièces aiguillonnait le consentement tacite du

Le «straight» Paul Thériault et le «comic» Claude Blanchard sur la scène du *Canadien*.
(Photo: Pierre Sawaya; coll.: Paul Thériault)

public en l'amenant à «jouer le jeu» et à accepter les choses telles quelles.

La distribution des rôles

Comme il n'existait pas, à proprement parler de metteur en scène, au burlesque, c'était au directeur ou à la directrice qu'incombait la tâche de distribuer les rôles[32]. Et, comme nous venons de le constater, les rôles spécifiques du «comic» et du «straight» ne pouvaient être affectés au hasard. Ils nécessitaient des qualités et des dispositions particulières qui n'étaient pas l'apanage de tous les acteurs. Ces caractères occupaient, dans la structure des comédies, des positions stratégiques qui balisaient le jeu de toute la troupe, d'où l'importance de leur stabilité. Ces rôles types du «comic» et du «straight» demeurait donc relativement fixes et, règle générale, deux comédiens les tenaient de façon régulière. Le directeur ou la directrice de la troupe pouvait cependant décider d'engager pour la saison suivante un nouveau «comic» avec son partenaire, mais il n'aurait jamais remplacé un «comic» par son «straight» ou par un artiste de spécialité. Car, si on pouvait commencer sa carrière en exécutant un numéro de variétés et passer progressivement des seconds rôles aux premiers, une fois artiste accompli ou consacré, on se cantonnait finalement dans l'interprétation d'un type précis de personnage: le «comic» ou le «straight». Il en allait généralement de même pour les rôles de coquette, de soubrette ou de *prima donna,* bien qu'avec l'âge, un comédien pouvait parfois changer d'emploi.

Les rôles de composition, par contre, se prêtaient mieux aux accrocs à cette règle de la permanence de la distribution, dans la mesure où les premiers rôles n'étaient pas changés. Comme exemple, Gilles Latulippe raconte qu'en 1968, alors qu'il présentait *Le mangeur de nez* au *Théâtre des Variétés* avec Gilles Pellerin, Olivier Guimond, Denis Drouin et Paul Berval, les perturbations n'ont pas cessé. Le premier lundi soir, la durée de la comédie fut de trente-cinq minutes. Durant la semaine, Gilles Pellerin tomba malade et Jacques Normand s'offrit pour le remplacer. Au même moment, Paul Berval dut se rendre outre-mer et Gilles Latulippe se chargea d'interpréter son rôle. Normand et Latulippe n'avaient jamais joué cette comédie, mais Guimond et Drouin la connaissaient. Sans aucune autre répétition qu'une explication de canevas, les quatre montèrent sur scène et jouèrent la pièce. Celle-ci, semble-t-il, marcha très bien et fut tout aussi drôle. A la fin de la semaine, les quatre compères demeuraient en scène tout près d'une heure et quart[33]! Il faut remarquer cependant que les emplois de Guimond et Drouin, respectivement «comic» et «straight», n'avaient pas été permutés et garantissaient ainsi la bonne marche de la comédie *ad lib.*

Pendant la belle époque du burlesque, on modifiait aussi la distribution, car pour des raisons économiques, lors de périodes fastes ou indigentes, on embauchait plus ou moins de comédiens. On recherchait alors dans le répertoire, comme l'expliquait au cours d'une entrevue Paul Thériault, des pièces qui se prêtaient aisément à une réduction ou à une multiplication de personnages. Ainsi, la comédie *Dans le grand monde* qui pouvait tout aussi bien être interprétée par peu d'acteurs, en tournée par exemple, que par plusieurs. Il s'agissait, selon le cas, de retrancher ou d'ajouter, au besoin, des rôles de comtesses, de sultans, etc.

La distribution des rôles pouvait enfin être subordonnée à la dextérité des comédiens, à l'adresse des «performers». Si un acteur chantait ou dansait, jouait d'un instrument de musique ou faisait des imitations, sa présence sur scène était alors planifiée en fonction de ces habiletés particulières. Nous verrons bientôt comment ces comédies se prêtaient à de véritables numéros d'acteur.

Olivier Guimond fils, Manda Parent et la troupe du théâtre *Canadien*, à la fin des années '40. (Photo: Pierre Sawaya; coll.: Jean Grimaldi)

Claire Deval, Janine Lévesque, Aline Duval, Lucille Lauzon, Paul Thériault, Jean Grimaldi, Paul Desmarteaux et Olivier Guimond fils dans une ouverture musicale, en 1948, au *Canadien*. (Photo: Pierre Sawaya; coll.: Paul Thériault)

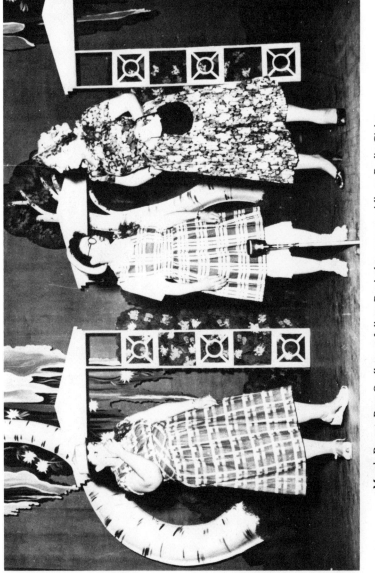

Manda Parent, Rose Ouellette et Juliette Petrie dans une comédie au *Radio-Cité* en 1953. (Photo: Pierre Sawaya; coll.: Juliette Petrie)

Wilfrid Proulx, chef d'orchestre au *National*. Programme du *National*. Semaine du 4 août 1930. (Bibliothèque nationale du Québec, département des manuscrits)

Les troupes

Il est difficile d'identifier de façon précise toutes les troupes qui se partagèrent l'affiche des scènes québécoises de théâtre burlesque. Si nous pouvons en nommer certaines qui marquèrent quelques décennies, telles les troupes de Charlie Ross, de Paul Hébert, de Jean Grimaldi, d'Arthur Petrie, d'Olivier Guimond père et de Rose Ouellette, nous devons en passer plusieurs autres sous silence qui, contrairement à celles que nous venons de mentionner, n'empruntèrent pas leurs noms à leurs directeurs ou leurs directrices. Aussi ce recensement demeure arbitraire et aléatoire parce qu'il ne peut témoigner de l'existence de toutes les unités formées au gré des ans; ceci, parce qu'au-delà d'une saison, nous n'arrivons généralement pas à rattacher à une troupe les noms des comédiens qui y étaient attitrés. En effet, sauf durant la belle époque du *National* où une stabilité plus grande s'était manifestée au sein de cette équipe, les acteurs avaient plutôt l'habitude de passer d'une troupe à l'autre.

La difficulté de catégoriser les troupes de façon très systématique provient également de l'équivoque causée par la classification elle-même qui n'atteste en aucun cas de ce qu'on pourrait appeler les associations libres. Il y eut, par exemple, des acteurs et des actrices qui se réunirent pour jouer sans s'afficher sous le nom de leurs directeurs et de leurs directrices. Manda Parent, Juliette Petrie et Rose Ouellette, pour ne nommer qu'elles, animèrent ensemble les belles soirées du *Radio-Cité* et étaient présentées, non pas sous le nom d'une troupe, de son directeur ou de sa directrice, mais bien sous leurs noms respectifs.

Ce phénomène de la mobilité des effectifs et celui de la formation de sous-groupes sans appellation précise, nous amènent à émettre l'hypothèse que les associations importantes du burlesque ne furent peut-être pas celles de troupes, mais plutôt celles qui relevaient du tandem «comic» et «straight».

En dépit des difficultés de classification que nous venons d'évoquer, nous avons dressé une liste qui, quoique partielle, donne un aperçu assez juste du déplacement et de la composition des troupes entre 1925 et 1930. (Cette liste se trouve à l'appendice J.)

Les autres membres de la troupe

Quand on évoque le burlesque, il est impossible de ne pas songer à tous les autres amuseurs qui, avec les comédiens, peuplèrent de leurs fantaisies les plateaux de nos théâtres. Il faut absolument ouvrir une parenthèse sur les artistes de variétés, musiciens, chanteurs et chanteuses, danseurs et danseuses qui étaient aussi du spectacle[34]. Ils ou elles exécutaient leurs numéros, qu'on appelait aussi «actes de vaudeville», en première partie, entre les sketches des comédiens. Aux dires de Juliette Petrie, ces artistes étaient pour la plupart, vers 1920 du moins, des Américains ne parlant pas le français. Leur spécialité n'exigeait pas qu'ils aient à s'adresser oralement au public.

Ces numéros de variétés, comme le mot l'indique, étaient de toutes sortes: danse, jonglerie, acrobatie, magie, etc. Mais après un rapide inventaire, nous serions portés à croire que les spécialités les plus fréquentes furent, chez nous, les numéros de chant, de musique et de danse, suivies plus loin des démonstrations d'acrobatie qui se firent d'ailleurs de plus en plus rares avec les années. Nous devons distinguer ici la participation occasionnelle de ces artistes de variétés, qui étaient généralement engagés pour une semaine comme «attractions»[35], de la coopération régulière des musiciens, danseurs et danseuses qui accompagnèrent les troupes auxquelles ils étaient attachés pour toute une saison.

Olivier Guimond fils et Alys Robi. Début des années '40. (Photo: Famous Photo Studio; coll.: Jean Grimaldi)

Les musiciens

Le spectacle de burlesque requérait toujours la présence sur scène d'un orchestre. Cet orchestre, selon les ressources pécuniaires des troupes ou des établissements, pouvait compter, avant la dépression, par exemple, jusqu'à six ou sept musiciens[36]. En tournées par contre, certaines troupes, à défaut de pouvoir retenir les services d'un orchestre, choisissaient ceux d'un pianiste-accompagnateur.

L'orchestre préludait à la représentation, assurait les enchaînements, accompagnait le chant et la danse. Le chef d'orchestre collaborait donc avec plusieurs membres de l'équipe. Il devait être un habile arrangeur et savoir adapter les airs populaires. Pourtant, on ne faisait que très rarement mention de son nom dans les communiqués destinés à la presse, si bien qu'il est quasi impossible aujourd'hui de les connaître tous[37]. Dans ces conditions, on comprend bien vite que les musiciens passèrent souvent inaperçus, leurs noms ne figurant pas non plus au programme[38].

Les chanteurs et chanteuses

Tout comme chez les comédiens, nombreux furent les chanteurs et chanteuses qui commencèrent leur carrière alors qu'ils étaient jeunes adolescents, en profitant d'un hasard favorable. En voici deux exemples. Georges Leduc, qui était placier au *National,* chanta un soir dans une sauterie, après la dernière représentation, pour amuser les artistes et les employés. Raoul Léry le remarqua et en glissa un mot à Rose Ouellette qui était alors directrice du théâtre. Quelques temps plus tard, il fut lancé dans une ouverture musicale[39].

Alys Robi, de son vrai nom Alice Robitaille, fit ses débuts à Québec, sa ville natale. Elle n'était encore qu'une enfant de cinq ans lorsqu'on la remarqua dans un concours d'amateurs. Quatre ans plus tard, en 1932, à

Québec toujours, elle chantait au théâtre *Arlequin* où elle fut en contact avec Sammy Davis Junior, Olivier Guimond père, Effie Mack, Swifty, Pizzy-Wizzy, Moe Lévy, Juliette et Arthur Petrie, Rose Ouellette, Rita Cox, bref «les artistes populaires de l'époque» qui travaillaient aussi à l'*Arlequin.* Son répertoire se composait alors de *Quand on s'aime bien tous les deux, Les roses blanches, Je n'ai qu'une maman, c'est toi, La berceuse de Jocelyn,* etc. Puis à treize ans, on l'applaudissait sur la scène du *National,* où elle interprétait «des chansons vécues comme *Mon légionnaire, Camille*»[40]. Elle eut beaucoup de succès et fit ensuite une carrière internationale[41].

Il convient de distinguer le tour de chant présenté par une vedette, du numéro d'un artiste moins connu ou d'un débutant. Pour ces derniers, il ne s'agissait d'interpréter que deux ou trois chansons entre les autres numéros du spectacle, alors que la vedette devait témoigner d'assez de talent pour captiver l'attention de l'auditoire plus longtemps. Il arrivait aussi, comme nous allons le voir, que les comédiens et les comédiennes fassent un petit tour de chant. Au *National,* par exemple, comme l'explique Léo Rivet, «quand on faisait notre spécialité de chant, cette semaine là on ne faisait que ça: chanter cinq ou six chansons»[42].

Blanche et Damasse Dubuisson, qui avaient d'abord travaillé «comme duettistes à l'Eldorado», joué l'opérette et la comédie-vaudeville au *Parc Sohmer,* au théâtre *Bijou,* au *Nouveautés* et finalement au *National*[43], furent les principaux interprètes en 1922 — avant l'avènement de la radio donc — de la *Valse bleue.* Mais, durant les années vingt, ce fut Simone Roberval, qui avait d'ailleurs partagé avec eux la scène du *Bijou,* qui fut, comme l'écrit Philippe Laframboise, «la 'Ginette Reno' de l'époque»[44]; comme elle, la comédienne Rose Rey-Duzil chanta aussi. Sur nos scènes de variétés, elle interprétait entre autres *La berceuse aux étoiles,* qui était également chantée ici par Alexandre Desmarteaux[45]; mais qui, en

France, avait été popularisée sur disque par le chanteur de
café-concert Marjal[46]. Paul Desmarteaux, fils d'Alexandre, lui aussi comédien comme ses camarades féminines,
obtint un brillant succès, au *National* toujours, avec une
chanson de Henri Christiné qu'il ne se lassait pas de
reprendre: *Je sais que vous êtes jolie*[47]. Enfin, nous ne
pouvons passer sous silence les interprétations
remarquable de *Malgré tes serments, Ne fais jamais
pleurer ta mère* et *Ange de mon berceau,* par Hector
Pellerin, pianiste et baryton-vedette de la fin des années
vingt et du début des années trente[48].

Cette liste pourrait encore longuement s'allonger;
mais nous allons plutôt souligner l'existence d'un autre
type de chansons, celles-là beaucoup moins «belles»
prétendront certains et qui ne furent d'ailleurs pas
retenues par les répertoires de «bonnes» chansons, bien
qu'elles aient joui auprès du public de tout autant de
succès que les précédentes et que, comme elles, elles furent
aussi gravées sur disques. Contrairement aux premières,
cependant, elles furent composées par des auteurs de chez
nous, tels René Paradis ou Paul Hébert. Ces chansons ont
noms: *Y a pas d'ouvrage, J'peux pas trouver mieux, La
Poune au paradis, La vie d'aujourd'hui c't'effrayant,
Avec un peu de sauce, Faut qu'ça grouille, T'as pas honte,*
etc. Les équivoques sont assez nettes dans ces titres
tellement désassortis à *La berceuse de Jocelyn, Ange de
mon berceau,* ou *Ne fais jamais pleurer ta mère,* qu'on
saisit très vite pourquoi on a préféré les oublier[49]!

Les danseurs et danseuses

Les danseurs marquèrent sans doute moins
l'histoire du burlesque que leurs collègues féminines parce
que les «boys» servirent essentiellement de partenaires aux
filles. Ils n'occupèrent par de rôles spécifiques qui
caractérisèrent le genre, comme ce fut le cas pour la «ligne
de danseuses», même si l'un d'entre eux exécutait parfois
un numéro[50].

Reynaldo (Roland Fortier), danseur. (Photo Gaby; coll.: Juliette Petrie)

Effie Mack, danseuse et épouse d'Olivier Guimond père. Vers 1918.
(Photo: Castonguay, Ottawa; coll.: Juliette Petrie)

Rita Fitzgerald, danseuse. Années '20. (Photo: Famous Photo Studio;
coll.: Juliette Petrie)

Beatrice Vester, danseuse. Années '20. (Photo: Famous Photo Studio:
coll.: Juliette Petrie)

Une des rares danseuses québécoises: Henriette Demers. (Photo: Famous Photo Studio; coll.: Juliette Petrie)

Les sœurs Watson, danseuses. Programme du *National*. Semaine du 24 mars 1930.
(Bibliothèque nationale du Québec, département des manuscrits)

Les «Campbell Twins», danseuses. Programme du *National*. Semaine du 2 décembre 1929. (Bibliothèque nationale du Québec, département des manuscrits)

Qu'il nous soit donc permis de détacher d'une façon spéciale la collectivité des «girls» qui a laissé dans ce domaine une empreinte particulière[51]. En effet, la «ligne de filles» semble avoir été un élément important qui a permis de mettre de l'ordre dans la nomenclature des variétés. C'est elle, du moins pour les spectacles conçus et présentés au Québec, qui déterminait la différence entre le burlesque et le vaudeville[52].

Comme on peut aisément l'imaginer, il était difficile de trouver des danseuses chez nous. La morale sévère de l'époque rendait difficile le recrutement. Outre les sœurs Demers, qui furent parmi les rares Québécoises à pratiquer ce métier, presque toutes les autres étaient étrangères et anglophones unilingues. Elles étaient pour la plupart originaires d'Ontario, d'Irlande, d'Ecosse ou des Etats-Unis[53]. La plus célèbre d'entre elles fut sans doute l'écossaise Effie Mack. Arrivée au Québec à l'âge de douze ans, c'est un an plus tard qu'elle commença sa carrière. Elle fut longtemps chorégraphe dans la troupe de son mari, Olivier Guimond père.

Au cours des années vingt, on embauchait des danseuses de petite taille qu'on appelait les «poneys», alors que les filles de taille plus grande étaient employées comme «show girls». Ces dernières ne dansaient pas, mais faisaient plutôt de petites formations en marchant. Coiffées de grands chapeaux et vêtues de ravissantes toilettes, elles se pavanaient sur scène en chantant occasionnellement en chœur[54]. Elles rêvaient de devenir danseuses même si ce métier offrait peu d'avenir: on ne dansait généralement plus, une fois franchi le cap de la trentaine.

Les danseuses formaient un clan à part au sein de l'équipe. Elles se mêlaient très peu à la troupe et «ne sortaient de leur loge que pour répéter ou pour donner leur numéro. Aucune d'elles ne prenait plaisir à assister au spectacle des coulisses»[55]. Il faut reconnaître que c'était une dure école que celle des «girls». Apprendre à sourire, se mécaniser pour assurer l'homogénéité des mouvements, répéter continuellement pour réussir quelques numéros, étaient exigeant. Mais, sur scène, cette «ligne de danseuses», rigoureusement asservies au rythme, s'imposait par une parfaite homogénéité d'exécution. Et les belles années du burlesque furent marquées par ces «girls» qui imprégnèrent le «show» d'une animation exceptionnelle.

LE SPECTACLE

Le succès étonnant de ces spectacles reposait sur une formule précise et particulière qui avait longtemps été éprouvée au burlesque et au vaudeville américains[56]. Cette formule, qui fut sensiblement la même pendant près d'un demi-siècle, misait avant tout sur la diversité dans la représentation. La matinée ou la soirée commençait avec la projection de deux films, auxquels succédait une ouverture musicale — à laquelle participait la traditionnelle «ligne des danseuses» — qui était elle-même suivie de «bits», entrecoupés de numéros de variétés, pour se terminer par la grande comédie de fermeture qui était jouée *ad lib.* après l'entracte. Puis, en fin de programme, on proposait en reprise les films projetés en début de soirée. Cette marche à suivre, caractéristique du genre et à laquelle toutes les troupes s'appliquèrent à se conformer, se résumait généralement en une série de «numéros» présentés tour à tour au public, c'est-à-dire sans l'intervention d'un présentateur ou d'un maître de cérémonie comme au music-hall. C'était une sorte de cocktail de digestion facile offert dans un rythme vigoureux et fringuant, gage de la réussite de la représentation, comme l'écrit Juliette Petrie:

(...) pas de temps mort et on soignait particulièrement les enchaînements, qui loin d'être une pause morcelant ainsi l'intérêt, donnaient plutôt tout son caractère au spectacle par d'habiles prouesses techniques et de surprenantes juxtapositions captivant ainsi l'attention du spectateur.[57]

Ce modèle de base fut le plus brillamment porté à la scène québécoise de 1925 à 1945 et, s'il est arrivé que sporadiquement sa composition se soit légèrement altérée, ces diverses modifications ne s'attaquèrent toutefois jamais à la structure profonde de la représentation.

La conduite du spectacle

Le spectacle de burlesque commençait avec la projection de films. Avant 1920, nous l'avons déjà mentionné au premier chapitre, il s'agissait de films muets accompagnés par un pianiste et par un raconteur ou présentateur «qui expliquait à mesure l'intrigue pourtant si simple du film»[58]. Puis, pendant la belle époque du *National,* on projetait non seulement un mais deux longs métrages français. De bon goût, précisait Juliette Petrie, en citant en exemple les films de Sacha Guitry[59]. Ces films étaient toujours suivis des actualités filmées, plus ou moins à jour cependant (les cinémas considérés prestigieux, comme le *Loews,* ayant d'abord préséance), et de dessins animés.

Après cette scéance de cinéma, au début des années vingt, le rideau s'ouvrait enfin sur un groupe de danseuses qui chantaient des mélodies à la mode inspirées du style «New Orleans», qu'on appelait de façon plus générale «Dixieland»[60]. On puisait alors dans un répertoire composé de «ragtimes»[61] et de «charlestons». Plus tard, ces ouvertures se transformèrent et, comme nous l'avons vu, devinrent en quelque sorte de petites opérettes auxquelles toute la troupe prenait part, à l'exception du «comic» qui «n'entrait habituellement pas en scène ici»[62].

Succédait à cette ouverture trépidante, un numéro de variétés ou, plus souvent, un «bit» sur la chute ou le «punch» duquel la salle était plongée dans le noir. Suivait immédiatement un court drame d'une quinzaine de minutes. S'il y eut dans certains théâtres, tel le *National,* des artistes attitrés au drame, comme Rose Rey-Duzil et Raoul Léry, il arrivait aussi, comme le rapporte Léo Rivet, que certains membres de la troupe aient à y participer[63]. Puis, venait encore un «bit». Ces sketches, toujours improvisés, étaient de courte durée. Selon les comédiens et les réactions du public, ils pouvaient varier de trois à dix minutes environ.

> Les «bits» du burlesque se déroulaient suivant un plan aussi strict que la commedia dell'arte. Les rôles, toujours au nombre de quatre, étaient ainsi répartis: le premier comique, ou «first»; le deuxième, ou «straight man» ou «straight» tout court. Du côté des femmes, la prima donna: une femme mûre et qui avait beaucoup d'abatage; et la soubrette. Le «straight» et la soubrette servaient simplement de repoussoir au «first» et à la prima donna.[64]

Les «bits» font partie de la grande tradition du burlesque et du spectacle de variétés en général. Ils furent et demeurent encore l'essence de ce type de spectacles qui a su plaire pendant plusieurs années à un public nombreux et varié.

On enchaînait ensuite au «bit» un numéro de spécialité, ou bien encore on faisait place à la chanson. «Dans l'obscurité, on tirait les rideaux de scène et le 'straight' ou l'un des chanteurs de la troupe venait présenter ce qu'on appelait un 'production number', une chansonnette à tempo qui pouvait parfois être dansée»[65].

Après avoir alterné avec un autre «bit» et un autre «production number», le «comic» entrait en scène pour donner un numéro solo[66]. Finalement, le spectacle des années trente se terminait par «une grosse comédie de fermeture avec finale élaborée»[67], alors qu'une dizaine d'années plus tôt, cette comédie revêtait davantage l'allure d'un sketch d'une vingtaine de minutes. La grande comédie des années trente, qui pouvait occuper près d'une heure de spectacle, était chaque fois vivement attendue. Comme le sketch des années vingt, présenté en fin de programme, en «full stage» et avec décor, elle réunissait sur la scène tous les membres de la troupe. C'était en quelque sorte le sommet de la soirée!

Ces comédies de fermeture, que l'on nommait aussi grandes comédies, constituent avec les «bits» ce que les gens du métier ont convenu d'appeler «le répertoire du théâtre burlesque». Avant de nous y attarder davantage, voyons d'abord quelle place on accordait à la fabrication des décors et des costumes, quels étaient les gens qui fréquentaient ces spectacles et où se trouvaient les lieux de représentation.

Les décors et costumes

Si chaque semaine on changeait complètement le programme, de l'ouverture musicale à la grande comédie de fermeture, il fallait également chaque semaine concevoir de nouveaux décors et songer aux costumes nécessaires à toute l'équipe. Certaines troupes embauchèrent alors spécialement une ou deux personnes pour confectionner décors et costumes dont on disait beaucoup de bien, et cela dès les premières années du burlesque en français: «Il y aura des costumes très artistiques, très originaux, et d'un bon goût; les décors neufs encadreront à ravir le spectacle. Ce sera frais et pimpant»[68].

Les décors des comédies de burlesque étaient traditionnellement fabriqués selon la technique de l'a-plat. Par cette technique, on dessinait et on peignait sur une toile de fond les principaux éléments du décor (des façades de maison, une rue, une intersection, un arbre, mais aussi les accessoires dont on ne se servait pas: lampes, horloge, etc.). On ne plaçait sur la scène que les accessoires et les meubles indispensables au jeu des acteurs, les autres objets étant tous dessinés sur la toile de fond. On eut longtemps recours à cette technique de l'a-plat qui était à la fois économique et pratique «pour réduire au minumum le travail des accessoiristes et des machinistes lors des enchaînements excessivement rapides»[69]. Par ailleurs, comme l'action des «bits» et des comédies se déroulait fréquemment dans des lieux similaires (la cuisine, le salon ou la rue), on pouvait facilement réutiliser les mêmes toiles. Il arrive, encore aujourd'hui, qu'on puisse voir au *Théâtre des Variétés* des décors fabriqués selon ce procédé traditionnel. En effet, lorsqu'on remet à l'affiche les pièces du répertoire, on ressort les toiles de fond déjà peintes.

Quant aux costumes, comme leur confection demandait souvent plusieurs heures de travail, ils furent fréquemment loués chez *Ponton*[70]. Le problème du choix des costumes des interprètes masculins était vite réglé. Car la plupart du temps, avec un complet ou un habit de ville et quelques accessoires, un comédien arrivait facilement «à se tirer d'affaire». Par contre, il fallait habiller les «show girls», les danseuses et les comédiennes... Si l'on écarte l'éventualité de la location à laquelle n'avait pas recours toutes les troupes, c'est très probablement à Juliette Petrie qu'il revient d'avoir créé le plus grand nombre de costumes féminins. Jeune fille, elle avait travaillé dans une maison de couture et au cours des années qui suivirent, elle put mettre avantageusement à profit cette expérience. En effet, en plus de jouer comme comédienne, elle a presque toujours fait ou, à tout le moins, collaboré à la confection des costumes dans les différentes troupes où elle a joué et particulièrement celle de son mari. C'est parfois dans un chambre d'hôtel transformée en atelier de couture qu'elle terminait ses soirées:

Reynaldo, Georges Leduc et Juliette Petrie dans une comédie au *National*.
(Photo: Marcel E. Landriault; coll. Juliette Petrie)

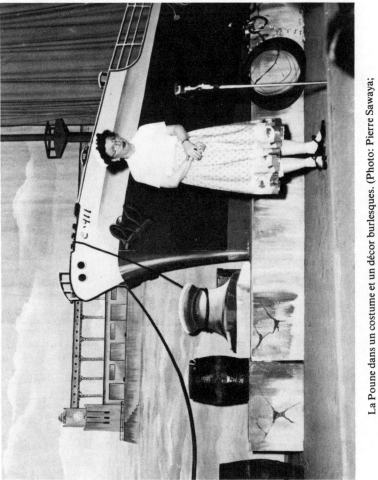

La Poune dans un costume et un décor burlesques. (Photo: Pierre Sawaya; coll.: Jean Grimaldi)

Juliette Petrie, en 1925, dans un des nombreux costumes qu'elle a conçus et confectionnés. (Photo: Famous Photo Studio; coll.: Juliette Petrie)

Juliette Petrie vêtue pour une ouverture musicale en 1922. (Photo: Famous Photo Studio; coll.: Juliette Petrie)

A onze heures après les répétitions, je devais encore une fois confectionner les rideaux de scène et créer de nouveaux costumes pour les danseuses, et ce en plus de mes propres toilettes. Les premières semaines, je dus coudre jusqu'à 16 robes chaque semaine et comme je m'appliquais à mon travail, toutes les nuits je devais coudre jusqu'à 3 ou 4 heures du matin. Pour les toilettes, je faisais venir les tissus, les plumes et les paillettes de chez Schiller.[71]

C'était pour habiller les huit danseuses de la troupe de son mari, qui changeaient de costumes deux fois par spectacle, que Juliette Petrie devait confectionner ces seize robes hebdomadaires. Si on comprend aisément que la confection des costumes des «show girls» et des danseuses avec leurs plumes, leurs paillettes, leurs dentelles et leurs satins nécessitaient beaucoup d'attention, il faut toutefois convenir que les choses allaient se simplifiant lorsqu'il s'agissait d'habiller les comédiens principaux.

Le «straight» et le «comic» n'avaient qu'un costume. Le «straight», toujours élégant, se présentait sur scène en tenue de ville tandis que le «comic», vêtu de son «misfit», contrastait à ses côtés[72]. Le «misfit» est le nom que l'on a donné à l'habit porté par le «comic» masculin et mal ajusté à sa taille. Ainsi la veste, le pantalon et le chapeau étaient beaucoup trop petit pour lui s'il était plutôt gras et beaucoup trop grand s'il était plutôt mince. Mais d'une façon générale, tous les «comics», hommes ou femmes, se sont affublés d'un costume caractéristique. Pour s'en convraincre, il suffit de se rappeler La Poune qui est d'abord apparue accoutrée de ses légendaires culottes «à grand'manches» et, plus tard, fringuée de son «jumper», de ses souliers plats et de son «casse» de matelot.

Cette façon spéciale qu'avaient les «comics» de se vêtir était véritablement un héritage américain. Il fut un

Le «comic» Joseph (Eugène Martel) avec sa perruque et son «putty nose». Programme du *National*. Semaine du 14 juin 1930. (Bibliothèque nationale du Québec, département des manuscrits)

La «comic» Caroline (Juliette D'Argère) en 1925. (Photo: Famous Photo Studio; coll.: Juliette Petrie)

Le «straight» Arthur Petrie en 1922. (Photo: Famous Photo Studio;
coll.: Juliette Petrie)

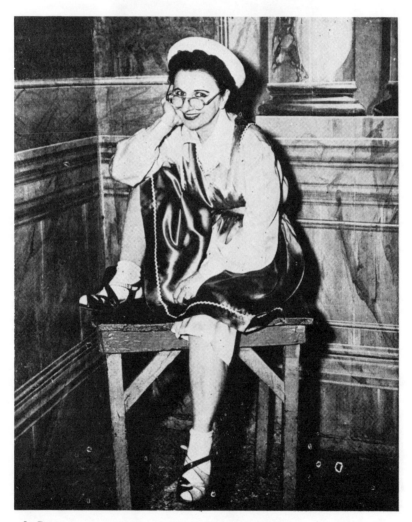

La Poune avec son «jumper», ses culottes «à grand'manches» et son «casse» de
matelot. (Coll.: Raymomd Boily)

Tizoune père. **Programme du** *National.* **Semaine du 1er septembre 1930.** (Photo:
Famous Photo Studio; Bibliothèque nationale du Québec, département des manuscrits)

temps, d'ailleurs, où les costumes portés ici étaient ceux qu'on avait achetés usagés à des troupes américaines qui les avaient mis en vente.

> Presque tous les acteurs comiques portaient des vêtements en loques, grotesques et qui leur allaient mal. Certains portaient d'énormes chaussures, d'où dépassaient parfois de gros orteils de papier mâché. Un des moyens favoris de faire rire était le port du pantalon trop grand, qu'on laissait tomber au moment où le public s'y attendait le moins. La plupart du temps, ils portaient un faux nez rubicond d'alcoolique, qui avait bien le double de leur nez à eux et était de ce fait complètement disproportionné d'avec le reste de leur physionomie. Quelques-uns portaient des calottes emboîtantes, couleur chair, qui donnaient l'impression d'un crâne complètement chauve. D'autres portaient des perruques d'épouvantail, où les cheveux se dressaient comme s'ils vivaient dans une terreur continuelle. [73]

Les costumes des «comics», fidèles à l'esprit de la comédie burlesque, cherchaient à divertir, tandis que ceux des danseuses et des «show-girls» visaient à épater l'auditoire attentif aux habillements de toute la troupe.

Le public

«Souvent, ils sont beaucoup plus près de leur public que nous pouvons l'être nous, au théâtre traditionnel» [74] disait Jean-Louis Roux des comédiens de burlesque. Et le public ne fut pas indifférent à cette espèce de proximité proposée... les salles furent presque toujours combles. La recette? C'est Rose Ouellette qui la donne dans ce credo parfaitement et synthétiquement résumé:

> Premièrement, il faut toujours plaire au public. Notre métier c'est de travailler pour avoir notre public, c'est-à-dire de le faire rire fort (...) Je donne

au public ce qu'il demande. Si je ne faisais pas mes sketches comme je les faisais, le public ne marcherait pas. Je lui donne ce qu'il veut.[75]

Ce théâtre, sans problème et sans question, n'exigeait aucune tension d'esprit. Il comblait les attentes de l'assistance qui n'aspirait qu'à se divertir. Accessible à tous, sans distinction sociale, pour être apprécié, il ne réclamait pas de son auditoire la connaissance préalable de règles techniques ou de critères esthétiques. Il n'ambitionnait que de faire rire, sans inquiéter. Et, en poursuivant cet unique objectif, il a su faire accourir les foules des années durant. Loin donc de tout désir d'instruire ou de provoquer une réflexion, c'est dans cet esprit que le burlesque proposait à son public un divertissement à l'état pur, au contenu simple, décanté de toute polémique comme l'attestent ces quelques lignes de Michel Tremblay:

> Mastaï avait entouré les épaules de sa femme de son bras gauche et de sa main droite avait sorti deux billets de théâtre d'une de ses poches. «Ma belle Gaby, à soir j't'emmène voir La Poune!» Gabrielle Jodoin poussa un cri de joie et s'empara des billets. «La Poune! Depuis le temps que j'veux la voir! On va souper de bonne heure, pis on va s'arranger pour arriver à temps pour les deux vues avant le show!» Elle sautillait sur place, battait des mains. «Hé, que chus contente! Comment ça s'appelle, la comédie, c'te semaine?» Ça s'appelle La Buvette du coin, pis y paraît que c'est drôle en ciboire! J'ai failli t'emmener voir La Dame de chez Maxim's, au Monument National, avec Antoinette Giroux, mais j'avais peur que ça soye trop sérieux... J'voulais rire!» «J'comprends! Moé aussi j'veux avoir du fun.»[76]

Ces spectateurs enthousiastes étaient, selon Rose Rey-Duzil, facilement impressionnables; «ils prenaient à cœur tout ce qui se passait sur scène et étaient touchés tant par le drame que par la comédie présentée». Il semble qu'à cette époque «le public était plus émotif qu'aujourd'hui. Les dames s'essuyaient les yeux avec leurs mouchoirs. Ceci était stimulant pour nous. Ça nous donnait de l'entrain, de la verve» [77].

Hier, comme encore aujourd'hui, au *Théâtre des Variétés* les femmes constituaient la majorité du public. «C'était toujours le même monde», d'ajouter Léo Rivet; «on le sait, parce qu'on vendait des chansons dans la salle. Du temps du *National,* on savait que tel jour, telle ou telle madame serait là [78]!» Elles assistaient fidèles et nombreuses à ces représentations pour lesquelles il leur était parfois offert un tarif spécial lors de matinée qui leur était réservées [79]. Il n'était alors par rare de voir certaines d'entre elles manifester concrètement leur gratitude envers ces artistes qu'elles affectionnaient tant:

> Le public, constitué en majorité de femmes, se montrait assidu. Elles arrivaient tôt, pour avoir les meilleures places et c'était pratique courante d'amener au théâtre le chapeau ou le manteau d'une amie pour lui réserver une bonne place. Plusieurs de ces femmes nous apportaient des gâteaux, du chocolat et des sucreries. La Poune avait sa manière à elle de les remercier; il lui arrivait d'arrêter net en plein milieu d'une comédie et de s'adresser directement à l'une des spectatrices qu'elle venait de reconnaître:
>
> — «Mme Chose, j'ai don'aimé votre sucre-à-crème!» [80]

Ce public, particulièrement cher aux artistes de variétés, souvent qualifié de «moyen» à cause de sa condition sociale et économique, était en outre composé de spectateurs du milieu ouvrier, de travailleurs, mais aussi, aux dires d'Olivier Guimond, de professionnels: «d'avocats, de médecins, de juges aujourd'hui, qui n'en parlaient pas dans le temps et qui en parlent aujourd'hui»[81]. On comptait, de plus, «une bonne clientèle d'étudiants» qui, selon l'expression de Marc Forrez, «allaient au fou» dans un des nombreux théâtres du Québec qui mettaient à l'affiche des comédies burlesques. Puis, il faut enfin ajouter la présence des enfants, qui étaient non seulement admis dans les théâtres, mais à qui, tout comme à leurs mères, on réservait parfois une matinée: «Vendredi soir, concours d'amateurs; samedi matin, 10 heures, représentation spéciale pour les enfants. Samedi soir, concours théâtral pour jeunes filles. Tous les lundis, matinée des dames»[82].

Les salles

Si les comédiens changeaient souvent de troupes, ils se déplaçaient aussi fréquemment d'un théâtre à un autre, après avoir terminé une saison de trente-cinq, trente-six ou quarante semaines. Entre-temps ils jouaient, parfois dans deux théâtres différents, matinée et soirée, sept jours par semaine, sauf quand la loi l'interdisait et qu'il fallait faire relâche le dimanche[83].

C'est au public que revient le «mérite» d'avoir permis à ce divertissement populaire de s'établir ici, en faisant vivre au-delà de quatre décennies plus d'une quinzaine de théâtres non-subventionnés. Ceux-ci étaient situés dans les quartiers défavorisés des centres urbains: le faubourg Québec, communément appelé «Faubourg à m'lasse» à Montréal et la Basse-Ville à Québec. Voici la liste de ces théâtres qui présentèrent, à un moment ou à un autre, des spectacles de burlesque au public québécois.

A Montréal, au début du siècle, seuls quelques théâtres, situés boulevard Saint-Laurent, se spécialisaient dans ce genre de spectacles; car on ne présentait alors pas de burlesque dans n'importe lequel des théâtres de la métropole. Ainsi, ceux de la rue Sainte-Catherine furent d'abord réservés au «dramatique», avant d'être

L'entrée du théâtre *Canadien* en 1948. (Photo: Pierre Sawaya; coll.: Jean Grimaldi)

Le public attendant de voir La Poune dans une parodie d'*Aurore, l'enfant martyr* à la fin des années '40. (Photo: Pierre Sawaya; coll.: Jean Grimaldi)

Les spectateurs de burlesque assidus, fidèles et nombreux devant le *Radio-Cité* en 1953.
(Photo: Pierre Sawaya; coll.: Jean Grimaldi)

transformés, une fois qu'ils eurent engagé des «comics» pour la saison d'été, en théâtres de burlesque comme ceux de la «Main». Bref, à Montréal, ce fut sur les rues Sainte-Catherine et Saint-Laurent que se regroupèrent principalement les «grands» établissements de burlesque[84].

Rue Sainte-Catherine, se trouvaient les théâtres *Arcade, Casino, Gayety* qui changea son nom pour *Mayfair* puis *Radio-Cité, National* et *Ouimetoscope* qui porta aussi le nom de *Canadien.* Le théâtre *Arcade,* situé au 1563 de la rue Sainte-Catherine est, était niché où s'est établi aujourd'hui Télé-Métropole. Toujours dans l'Est, au 1204, coin Amherst donc et voisin du *National,* se trouvait le *Ouimetoscope* qui a repris de nos jours son nom d'origine. Le *Mayfair* fut le nouveau nom donné au *Gayety,* situé au 84 Sainte-Catherine ouest, avant d'être rebaptisé plus tard *Radio-Cité,* quand il fut acheté par Jean Grimaldi et Michel Custom (ou Michael Customs). Ce n'est que quatre ans plus tard, une fois aux mains de Gratien Gélinas, qu'il devint la *Comédie-canadienne.* Le *Théâtre du Nouveau-Monde* y loge maintenant. Le petit théâtre *Casino,* aujourd'hui disparu, était situé au 1038 de la rue Sainte-Catherine est, à l'angle de la rue Dorion, tandis que le célèbre *National* se trouvait non loin de la rue Beaudry, au 1220 Sainte-Catherine est; il abrite actuellement un cinéma chinois. La Commission des monuments historiques du Québec a apposé sur cet édifice une plaque commémorative à la mémoire de Julien Daoust, auteur et comédien, qui a inauguré le théâtre, le 12 août 1900.

On pouvait aussi se rendre sur le boulevard Saint-Laurent, où le *Crystal Palace,* le *King Edward* qui prit plus tard le nom de *Roxy Follies,* le *Midway* et le *Starland* accueillaient les spectateurs. Avant le changement de la numérotation de la ville de Montréal, effectué entre 1924 et 1931, le *Crystal* (ou *Cristal*) *Palace* occupait le 331 Saint-Laurent. Aujourd'hui transformé en cinéma, il porte toujours le même nom et se trouve au 1223

Rue Sainte-Catherine, le petit théâtre *Casino*. (Bibliothèque nationale du Québec,
département des manuscrits; Edouard-Zotique Massicotte, Album de rues,
spicilège 2-170)

La façade du théâtre *National* en 1909. (Bibliothèque du Québec,
Fonds Jacqueline Trépanier)

Rue Saint-Joseph à Québec: le théâtre *Crystal* qui deviendra plus tard le *Princess*. (Photo: Harry Richards; Archives de la ville de Québec, Centre de documentation photographique).

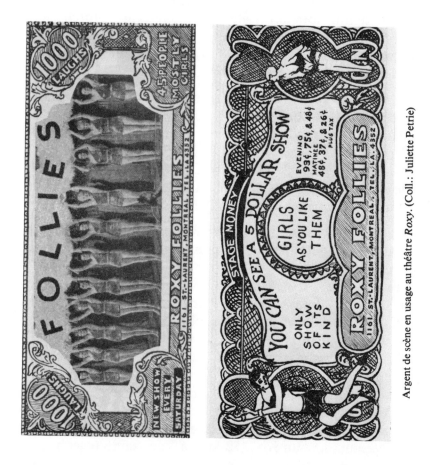

Argent de scène en usage au théâtre *Roxy*. (Coll.: Juliette Petrie)

de la même rue. Sis au nord-est de l'intersection de la rue Dorchester et du boulevard Saint-Laurent, le *King Edward* occupait d'abord les numéros 275-279. Il prit, avec le changement de numérotation, le numéro 1161. Le *Starland* lui faisait face; il était situé au 290 et prit, avec la nouvelle numérotation toujours, le numéro 1174. Puis, il fut démoli lorsqu'on élargit le boulevard Dorchester. C'est enfin au 335 Saint-Laurent, avant le changement de numérotation, que se trouvait le *Midway* dont l'adresse est devenue par la suite 1229 Saint-Laurent.

A Montréal, il y avait aussi deux autres théâtres, isolés ceux-là des rues principales, qui permirent également aux «burlesquers» d'amuser les foules: le *Cartier* et le *Dominion*. Le *Cartier* était situé dans Saint-Henri, au 3990 Notre-Dame ouest. Quant au *Dominion,* c'est au 4530 de la rue Papineau qu'on le trouvait. Il abrite aujourd'hui le *Théâtre des Variétés.*

Dans la ville de Québec, il fallait descendre dans le quartier Saint-Roch pour fréquenter les théâtres *Arlequin, Impérial* et *Princess.* Tous trois étaient situés sur la rue Saint-Joseph. Côté nord, le *Princess* et l'*Impérial* occupaient alors respectivement les numéros 278 et 302-306 de la rue Saint-Joseph, alors qu'en face ou presque, côté sud, au 261 se trouvait l'*Arlequin.* Depuis 1957, les numéros civiques ont changé dans la Vieille Capitale. Mais, si l'adresse diffère, les édifices sont encore en place, exception faite du *Princess* qui a été démoli pour faire place à un terrain de stationnement. Le théâtre *Impérial* est devenu le cinéma *Midi-Minuit,* il porte maintenant le numéro 252 de la rue Saint-Joseph est, tandis que l'*Arlequin* porte celui de 315 et est désormais connu sous le nom de cinéma *Pigalle.*

A Trois-Rivières, c'est vers les théâtres *Gaiété* et *Impérial* qu'on voyait le public se diriger[85]; alors qu'ailleurs en province, les salles de spectacles aménagées se faisant plus rares, on assistait aux représentations

données par les comédiens en tournées dans les sous-sols
d'églises et les salles paroissiales.

Ces lieux de divertissements populaires, après avoir
été longtemps l'endroit idéal pour passer le temps
agréablement et à bon compte, furent, pour la plupart,
d'abord transformés en cinémas, puis fermèrent leurs
portes, disparurent ou furent démolis. Plusieurs de ces
théâtres n'existent plus aujourd'hui.

LE RÉPERTOIRE

Si, comme nous avons pu le remarquer, l'ossature
du spectacle de burlesque ne s'est guère métamorphosée au
cours des années, c'est qu'on a eu recours à des
composantes sûres et relativement stables pour y édifier sa
structure de base. Parmi ces composantes, il faut noter
l'espace exceptionnel tenu par l'élément dramatique.
Qu'on se souvienne de la comédie de fermeture qui
remplissait à elle seule toute la deuxième partie du
spectacle, sans compter les deux ou trois «bits» présentés
avant l'entracte. Puisque ces sketches et ces grandes
comédies occupaient une place prépondérante dans le
cadre général de la représentation, nous allons réserver à
leur étude la fin de ce chapitre.

Les «bits» et les grandes comédies:
un répertoire américain

Nous avons vu au premier chapitre que c'est vers
les Etats-Unis qu'on s'était tourné au début du siècle, et
même quelques années plus tard, pour s'approvisionner
régulièrement en scénarios[86]. Mais, si le répertoire
américain était consigné par écrit chez nos voisins du Sud,
une fois adopté et adapté par les artistes québécois, c'est

plutôt oralement qu'il a été véhiculé ici. Ce qui nous amène à constater un élément essentiel: le jeu particulièrement intéressant de l'écrit à l'oral auquel on s'est adonné avec ce répertoire. De fait, certains de nos comédiens ont eu en main, au cours de l'histoire du théâtre burlesque, des canevas anglophones.

> Il fallait acheter les pièces, les faire venir des Etats-Unis pour changer de pièce à chaque semaine. On achetait un certain nombre de pièces et sur l'ensemble il arrivait que seules quelques-unes soient vraiment drôles. Sur vingt-cinq ou cinquante, il pouvait y en avoir seulement sept ou huit de bonnes. On prenait la chance, parce qu'il y avait seulement les titres qu'on annonçait. Puis, on réarrangeait pour que ça fasse pour le Québec. [87]

Il est possible de trouver sur le marché américain, encore de nos jours, le même type de matériel que celui exposé ici par Juliette Petrie. La vente s'opère comme il y a cinquante ans: on n'offre pas de pièce à l'unité; on propose plutôt, dans des catalogues sommaires, des recueils de gags, de sketches et de comédies dont le contenu est, de toute évidence, insuffisamment décrit. Car seuls, ou presque, le titre, le coût et parfois le nombre de pages sont signalés dans ces annonces. En consultant l'imprimé reproduit à l'appendice C et servant de catalogue à Billy Glason[88], force nous est de reconnaître qu'il est impossible d'évaluer la qualité du matériel sans l'avoir acheté. Ces pièces, mises en vente aux Etats-Unis, furent d'abord jouées par des comédiens qui, pour la plupart, les ont écrites une fois retraités.

C'est vers 1870 que certains éditeurs américains, pour répondre à la demande des artistes de variétés qui devenaient toujours plus nombreux (le public pour ce type de spectacles allant sans cesse croissant), publièrent les premiers recueils de monologues, de sketches et de comédies. La publicité pour ces *Pocket Joke Books and*

Budgets, vendus alors entre vingt-cinq cents et un dollar, stipulait qu'un comédien qui y trouvait une demi-douzaine de bons gags réalisait «un dividende substantiel compte tenu de son investissement»[89]. Hier, comme aujourd'hui, ce fut fréquemment le *Billboard*[90] qui, sous sa rubrique «Comedy Material», se chargea de faire connaître aux «burlesquers» les maisons spécialisées dans ce genre de commerce[91].

Les scénarios ou les canevas de «bits» et de comédies ont toujours et partout fait l'objet d'une quête soutenue de la part des gens du métier; et, au fur et à mesure que le genre se popularisait, cette recherche «d'idées comiques» se faisait de plus en plus pressante. Laurence Senelick cite dans un article Fred Allen qui raconte qu'un comédien américain (un «blackface»), qui avait subtilisé tellement de matériel, engagea un jour un autre comédien pour jouer tout ce qu'il n'arrivait pas à utiliser lui-même dans son propre numéro[92]. Cette forme de pillage ou d'emprunt fut en dernier ressort le lot de tous les «burlesquers» américains et québécois, comme l'explique Léo Rivet:

> On dit nos gags[93]; mais ce ne sont pas les nôtres. Nous on les prend ailleurs. On achète des livres américains, français. On travaille. On se trouve des gags. On fait un spectacle avec. Puis, les jeunes «comics» viennent à nos spectacles et prennent des notes. Ils copient nos gags, mais finalement ce ne sont pas les nôtres.[94]

Combien d'amuseurs de toutes sortes, en effet, puisèrent la matière même de leurs gags visuels ou verbaux dans une sorte de fonds commun! Les blagues se ressemblent, les intrigues de comédies sont voisines, les mimiques analogues et les gestes parents dans le champ du burlesque; cela même s'il nous faut reconnaître des changements de style, car il ne s'agit bien évidemment pas d'inclure dans une même période et sans distinction tout le théâtre comique que nous connaissons.

Nous avons vu que le répertoire du théâtre burlesque présenté au Québec vers le début des années vingt se résumait en des traductions ou des adaptations de pièces américaines dont, généralement, seul l'acheteur possédait une copie du canevas anglais. Plus tard, vinrent ce que nous pourrions appeler les créations collectives burlesques québécoises. Nous y reviendrons; mais voyons d'abord comment cet acheteur-possesseur du texte américain communiquait la comédie à ses collègues. L'acheteur, transmetteur du répertoire, était souvent directeur ou directrice de troupe. C'est elle ou lui qui d'ordinaire faisait la lecture du texte à l'équipe. Les comédiens qui le désiraient pouvaient alors prendre des notes; il semblerait bien cependant qu'ils ne furent pas très nombreux à le faire et ses feuilles rapidement griffonnées furent presque toutes détruites. Une fois la lecture terminée, le travail de répétition commençait en même temps que celui de métamorphose plus ou moins partielle du canevas. Les acteurs improvisaient à partir des gags retenus lors de la lecture en personnalisant les scénarios et en les ajustant au public québécois. Puis, «on donnait un nom et on disait ça va s'appeler telle chose pour la prochaine fois; ce sera telle comédie. Ça devenait traditionnel»[95].

Si, dans l'entre-deux-guerres ou à peu près, certains auteurs tels Paul Coutlée, Jules Ferland, Régis Roy et Pierre Christie[96], pour ne nommer qu'eux, ont signés quelques revues et bon nombre de monologues humoristiques ou comiques qu'ils ont publiés dans le *Passe-temps,* le *Répertoire Le Bret,* le *Bavard,* aux *Editions Edouard Garand* ou ailleurs, il semblerait bien, du moins aux dires des professionnels que nous avons interviewés, qu'on ne leur doit pas la majorité des comédies burlesques présentées sur les scènes québécoises. Il est toutefois probable que les acteurs, qui s'efforçaient constamment de dénicher des sujets nouveaux, se soient occasionnellement inspirés de leurs textes, et qu'ils en

Le «comic» Olivier Guimond fils et son «straight» Denis Drouin dans la comédie *Agence matrimoniale* présentée sur la scène du *Théâtre des Variétés* en 1970. (Photo: Robert; Archives du *Théâtre des Variétés*; coll.: Gilles Latulippe)

Charles Laurin, Manda Parent et Paul Thériault dans un «bit». (Photo: Pierre Sawaya; coll.: Jean Grimaldi)

Les accoutrements des «comics» Rose Ouellette et Gilles Latulippe dans la comédie *Dans le grand monde* présentée sur la scène du *Théâtre des Variétés.* (Archives du Théâtre des Variétés; coll.: Gilles Latulippe)

aient même montés certains (Pierre Christie, par exemple, a été assez souvent joué aux théâtres *National* et *Canadien-français*); mais, tout compte fait, en regardant l'ensemble de la production, nous devons convenir de la prépondérance du répertoire américain [97]. Ce qui, somme toute, n'est pas très étonnant puisque le genre nous venait des Etats-Unis [98].

Le moment privilégié pour transmettre, de bouche à oreille, d'une génération de comédiens à l'autre et d'une troupe à l'autre, ce répertoire américain fut, comme le rapporte Juliette Petrie, les courts instants consacrés aux répétitions:

> ... comme mon mari devait souvent aller en dehors acheter des droits sur des pièces (...) je devais faire répéter les comédiens. Comme tous les sketches venaient des Etats-Unis, je devais traduire les textes en français durant les répétitions. [99]

Arthur Petrie avait confié à sa femme la responsabilité de diriger ses séances parce que, dit-elle, elle travaillait plus rapidement que lui et que ça plaisait davantage aux comédiens «toujours pressés d'en finir avec les répétitions» [100]. Au lieu de lire d'abord à haute voix la phrase anglaise avant de la traduire ensuite en français, comme le faisait son mari, Juliette Petrie traduisait mentalement le texte pendant que le comédien répétait ce qu'elle venait de lui dire ou prenait des notes. Si bien qu'elle prétend que certains comédiens ne réalisèrent jamais que le canevas de la pièce était en anglais (*sic*)! «On répétait trois ou quatre fois, en insistant surtout sur les sentences (*sic*) drôles, les entrées et les sorties» [101]. Elle soutient encore qu'il leur serait arrivé de répéter en anglais en travaillant avec des acteurs bilingues avant de jouer *ad lib.* la comédie en français [102].

Ce corpus de «bits» et de comédies, comme plusieurs éléments de notre folklore, fait donc partie jusqu'à un certain point du lourd bagage culturel véhiculé chez nous par la tradition orale.

C'est donc dire que la tradition orale a régné pendant longtemps au Québec. Quand, dans les premières décennies du XXe siècle, on commença de répertorier tout ce que cette tradition avait charrié de connaissances, on se trouva devant un ensemble culturel très important qui ne devait pas beaucoup aux livres. [103,]

Cette caractéristique extra-littéraire ou extra-livresque d'une large portion de la culture québécoise, dont parle ici Marcel Rioux, s'applique aussi au répertoire du théâtre burlesque. Nous constatons que ce répertoire dramatique, contrairement à celui du théâtre officiel ou classique[104] par exemple, a survécu au Québec, du moins jusqu'à la fin des années quarante, presque entièrement grâce à la tradition orale, aux mémoires et aux «scrap books»[105]. Bon nombre des pièces qui le composent en effet n'ont pas été retenues par la tradition écrite; et rares sont ceux qui possèdent aujourd'hui dans leur bibliothèque une copie de *La pelotte de laine,* de *Plante-toé Ti-Zoune* ou de *La lune de miel interrompue.* Par contre, il est probable qu'on pourrait trouver sur les rayons de bibliothèque de tout amateur de théâtre *Le malade imaginaire, Antigone* ou même encore, plus près de nous, *Médium saignant* ou *Les belles-sœurs.*

L'importance du répertoire

Il semble que les comédiens au faîte de leur carrière n'aient pas risqué d'écrire les comédies qu'ils jouaient de crainte de se faire dérober leur matériel par leurs confrères; ou encore, s'ils le faisaient, ils n'indiquaient pas sur le canevas le «punch»final[106]. Il faut imaginer qu'un artiste pouvait alors bâtir sa carrière avec une vingtaine de sketches, même si c'est une réalité qui s'avère inconcevable depuis l'avènement des média électroniques.

Les «comics» d'hier n'avaient donc pas à se

renouveler aussi vite qu'aujourd'hui, et cela même si on changeait le programme chaque semaine[107]. Car on exploitait de façon maximale un canevas qui «marchait» bien. C'est-à-dire qu'à partir des idées cocasses d'une comédie, ou plutôt des situations comiques qui avaient déjà été éprouvées, on en créait de nouvelles. Il faut comprendre que toutes les troupes constituaient, en fait, une seule grande équipe, lesquelles s'alimentaient aux mêmes sources et tiraient finalement le maximum d'une clientèle qui acceptait de retrouver le même scénario ou presque dans plusieurs «bits» ou grandes comédies, pourvu qu'on le lui présentât sous un angle différent.

> Les sketches, toutefois, voilà ce qui faisait l'acteur comique. Ils lui fournissaient l'essentiel du matériel sur lequel la plupart des dialogues et de l'action étaient fondées, au théâtre burlesque. Ils ont donné le canevas d'une proportion élevée des sketches et «black-outs» qu'on trouve dans les revues d'aujourd'hui. Seul un petit nombre de «book shows» ont eu le courage de risquer leur succès en utilisant un dialogue nouveau et même dans ce cas-là, ils gardaient certains passages sans les changer afin de s'assurer des rires habituels. (...) D'un point de vue technique, les sketches ont un modèle de base, une sorte de formule. Le sketch typique contient toujours une scène menaçante: par exemple un homme surpris avec la femme d'un autre, situation qui, parce qu'elle est universelle, se prête à toutes sortes de variations. Le second homme peut tuer le premier, tous trois peuvent se suicider, ou faire de l'épisode une énorme plaisanterie. [108]

A cause de ce phénomène de dédoublement et, par conséquent, de prolifération des scénarios, provoqué par le fait qu'on pouvait multiplier les comédies à partir d'une seule situation donnée et qu'avec «un petit 'bit' écrit pour durer quinze minutes, on faisait souvent des grandes comédies de quarante minutes»[109], il est difficile d'évaluer quantitativement, avec précision et exactitude, le répertoire du théâtre burlesque joué au Québec. Certains comédiens le restreignent à deux ou trois cents pièces, tandis que d'autres l'évaluent à près de cinq cents[110]. Il y a enfin ceux qui, comme Paul Thériault, soutiennent qu'à la limite on pourrait compter des comédies «quasi jusqu'à l'infini[111]!»

Tout compte fait, et bien qu'il soit impossible dans l'état actuel des recherches d'avancer un chiffre quelconque, il n'est peut-être pas si faux de prétendre à un répertoire excédant quelques centaines de pièces. Cette hypothèse est plausible puisqu'à la suite d'un rapide inventaire, nous avons répertorié cent quarante-sept pièces différentes qu'on dit appartenir au répertoire, présentées sur la scène du *Théâtre des Variétés* entre 1967 et 1972[112]. En revanche, sur trois cents pièces recensées entre 1925 et 1930[113], seuls une dizaine de titres apparaissent en reprise quelque quarante ans plus tard. Parmi ceux-ci: *Beau et chaud, Un, deux, trois, go, La jolie servante, La maison hantée, Mon héros, On gèle la belle-mère* et *Trois heures du matin*. L'équation est finalement assez simple: ajoutons à ces trois cent titres ceux que nous avons relevés au cours des onze saisons du *Théâtre des Variétés* et nous atteignons déjà près de cinq cents canevas, en laissant pour compte une trentaine d'années de théâtre.

S'il semble, en outre, si délicat d'évaluer quantitativement ce répertoire, c'est d'une part parce qu'il est certain qu'à deux titres différents peut correspondre parfois le même canevas, ou l'inverse, c'est-à-dire qu'un titre unique renvoie à deux pièces différentes, sans qu'il nous soit possible pour autant de le déterminer maintenant, avec justesse et dans tous les cas[114]. D'autre part, l'embarras provient du fait qu'à plusieurs reprises, comme nous l'avons déjà souligné, l'intrigue d'une pièce était modifiée pour en créer, à toutes fins pratiques, une nouvelle, distincte et ressemblante à la fois de la première. C'est encore Léo Rivet qui précise: «ces comédies là

Henriette Bertaud et Olivier Guimond fils dans *La marraine de Charlie*.
(Photo: Pierre Sawaya; coll.: Jean Grimaldi)

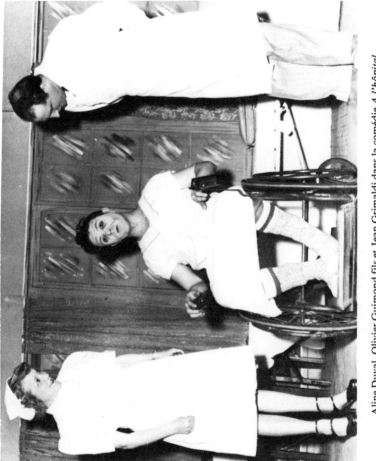

Aline Duval, Olivier Guimond fils et Jean Grimaldi dans la comédie *A l'hôpital*.
(Photo: Pierre Sawaya; coll.: Jean Grimaldi)

revenaient; si ce n'était pas l'année suivante, c'était deux ans plus tard. On les rafistolait»[115]. On peut ainsi facilement prétendre à un vaste répertoire et saisir du même coup qu'il en va tout autrement des thèmes pressurés par ces comédies. Les sujets et les gags qui ont fait rire, comme le dit Francine Grimaldi, furent toujours les mêmes:

> Ce sont toujours les mêmes gags, mais ce sont de bons gags. Ce sont toujours les mêmes gags qui reviennent, parce que ce sont toujours les mêmes choses qui font rire. C'est toujours le cocu, le père qui se fait rouler parce que sa fille sort en cachette, la belle-mère qui n'est pas bienvenue dans l'affaire et à qui on invente une histoire pour la mettre dehors. Ca tourne toujours autour des problèmes du quotidien. Naturellement, ça tourne en rond.[116]

Alors, que recelaient donc ces canevas du répertoire du burlesque qui semblaient à la fois si comiques et si simplistes?

Les canevas

Les pièces du théâtre burlesque étaient improvisées à partir de simples canevas. Ceux-ci, ne représentaient évidemment pas d'image d'achèvement littéraire et n'étaient en eux-mêmes pas très amusants. Car ils n'étaient pas conçus pour être lus, mais pour servir de support au jeu de comédiens qui savaient les animer et les colorer. Ils revêtaient un caractère banal pour un non-initié et jamais on aurait cru à leur lecture qu'il était possible de dérider une salle avec aussi peu.

> Il est très rare qu'on puisse percevoir l'humour d'une situation dans le texte imprimé, car il fallait le jeu, le spectacle. La personnalité des acteurs, l'action, les tournures de phrases voilà ce qui suscite le rire. (...) Le vrai spécialiste du burlesque peut décrire tout le spectacle rien qu'en inspectant

les accessoires. S'il y a, en coulisse, un marteau c'est qu'une des scènes se passera au tribunal, et ainsi de suite. Il pouvait jouer toute la scène rien qu'en connaissant la première et la dernière répliques, tout le reste étant improvisé. (...) L'acteur comique avait tellement peur qu'on ne lui volât ses sketches qu'il les apprenait par cœur, sans jamais rien confier au papier. Et pourtant ces sketches n'étaient, en fait, originaux que dans la mesure où la présentation qu'il en faisait l'était. (...) Mais on n'avait pas besoin de se soucier de savoir qui écrivait ces sketches, il y en avait plus qu'il n'en fallait, et leur répétition donnait à l'auditoire la joie de les reconnaître. En tournée, on reconnaissait les acteurs tout autant par le choix de leurs sketches que par leur manière d'être ou de jouer. [117]

Les canevas, parce qu'ils pouvaient être repris par différents comédiens, devaient être caractérisés ou plutôt personnalisés par les mimiques et les expressions propres à chaque «comic». D'ailleurs, ils étaient conçus de façon à rappeler au comédien qu'il devait engraisser le canevas-squelette. Pour ce faire, on indiquait par endroit sur les canevas américains, entre parenthèses dans le texte, le mot «business». Ce mot signifiait que le passage devait être étoffé par le «comic». Celui-ci se servait de la séquence pour exécuter, en quelque sorte, un numéro d'acteur. Chaque «comic» jouait alors avec le type d'humour qui lui était propre: mimiques expressives ou comique verbal. Guimond fils, par exemple, ne faisait pas rire de la même façon que La Poune, bien qu'il ait interprété le même répertoire qu'elle. Une comédie différait ainsi selon qu'elle était jouée par tel comédien ou par tel autre. C'est ce qui explique aujourd'hui l'existence de nombreuses variantes d'une même comédie, mais toujours élaborées à partir d'un unique canevas initial. On compte, par exemple, plusieurs versions de *A la cour,* dont les titres diffèrent, quoique le thème soit toujours le même: selon qu'il s'agisse de la version d'Olivier Guimond, de Rose Ouellette, de Jean Grimaldi ou de Gilles Latulippe, on annoncera: *A la cour, Le tribunal* ou *Le juge*[118].

Sur ces canevas, on esquissait rapidement l'intrigue en notant les grandes lignes du scénario qui se résumait, en définitive, aux entrées et aux sorties des personnages. Puis, on convenait de la finale ou «chute» de la pièce: «La comédie, elle, demeurait *ad lib.* Il y avait l'idée initiale et le 'punch' de la fin. Le reste était improvisé»[119]. C'est à partir de ces minces données qu'on commençait à répéter et, tout en improvisant, les comédiens s'accordaient pour conserver telle chose drôle ou enlever telle autre moins comique. Cette façon caractéristique de procéder des acteurs de burlesque est ainsi racontée par Henri Deyglun qui, lui, n'était pas initié à cette méthode de travail:

> Maurice Castel (comédien au théâtre *National* en 1920 à qui était confié la partie comique du spectacle), devait m'emmener à Hull. Il m'avait dit cela, comme ça. Pas de contrat entre-nous. Nous devions nous voir le lendemain pour répéter notre pièce de début. J'appelais chez lui à diverses reprises le lendemain. Personne ne répondait. J'allais chez lui. Porte close. Castel et Renout (Berthe) avaient disparu.(...)
>
> Mariette Miaga qui devait jouer les soubrettes avec nous avait également un appartement dans le même immeuble (que moi). J'allai frapper à sa porte et lui fit part de mon inquiétude. (...) Elle n'avait l'air nullement décontenancée par la disparition de notre directeur.
>
> — Puisque qu'il nous a engagés, nous n'avons qu'à l'attendre.(...)
>
> — Mais voyons, Mariette, rendez-vous compte.

Nous sommes mardi et nous devons jouer lundi prochain au théâtre Laurier de Hull.

— Mais oui c'est ce qui a été entendu et alors?

— Comment? Mais, alors? fis-je sidéré... Avez-vous la pièce que nous devons jouer, vous?

— Non! Mais moi je sais que je joue votre bonne dans cette pièce qui s'appelle l'INVITÉ de je ne sais plus quel auteur. Berthe Renout m'a expliqué le canevas. L'intrigue est très simple et quant à moi, je n'ai pas à m'en faire. Je fais simplement entrer l'invité que je vous ai annoncé et j'entre en scène chaque fois que vous m'appelez, vous, mes maîtres.

— Possible. Je ne connais pas la pièce qui est peut-être très simple comme vous dites, mais si simple soit-elle, je voudrais au moins savoir ce que j'ai à dire.

— Il paraît me dit Mariette que vous parlez tout le temps. Vous et votre femme attendez avec la plus vive impatience ce fameux invité qui doit vous faire une merveilleuse proposition d'affaire et vous tenez à le recevoir aussi bien que possible. J'ai vu la pièce avec Castel et Paul Gury qui jouait justement le rôle que vous allez jouer. Il y était très bien et Castel lui était formidable. J'ai ri comme une folle.

— Possible, Mariette. Mais moi, je n'ai pas du tout envie de rire pour le moment du moins. Si j'ai un rôle aussi long, je voudrais tout de même m'y mettre tout de suite...

Une sonnerie de téléphone me surprit et me coupa la parole.(...)

— Allô! D'où de New York. Qui? Oh! oui bien sûr, j'accepte les frais. Et Mariette Miaga de me dire, c'est Maurice Castel qui m'appelle de New York.

— De New York??? et j'entendais Mariette qui l'air ravi répondait... Bien sûr. Rien de plus normal. Comme je vous envie! Eh! bien justement, il est très inquiet et il est ici. Oui... Oui... je vous le passe. Maurice Castel veut vous parler me dit Mariette en me tendant l'appareil...

— Allô! Castel?

— Allô! mon cher Deyglun, j'ai tenté de vous joindre un peu partout dans les restaurants que vous fréquentez habituellement, mais sans succès, c'est alors que j'ai songé à appeler Mariette Miaga pour qu'elle vous contacte. Voilà ce que je voulais qu'elle vous dise. Nous jouons comme entendu lundi prochain à Hull: l'Invité. Vous jouez, monsieur Bol et Berthe Renout votre femme.

— Je veux bien, Castel, mais je n'ai pas de brochure et je ne connais pas le premier mot de cette pièce.

— Mais mon cher Deyglun, j'ai joué ça toute ma vie. C'est d'une facilité...

— En effet! Si vous avez joué ça toute votre vie, ça doit être facile pour vous; mais ce n'est pas mon cas... je veux une brochure... et au plus vite...

— Ecoutez, mon vieux, je suis en voyage de noces. (...) Brochure... brochure... d'ailleurs, si vous voulez le savoir, je n'ai aucune des brochures des pièces que nous allons jouer et dont j'ai donné tous les titres pour la saison à monsieur Paquin. Ne m'avez-vous pas dit que vous aviez pris des cours d'improvisation au Vieux Colombier avec Copeau.

— Oui. Je vous l'ai dit et c'est vrai. Mais c'était là de simples exercices. Je vous jure qu'en scène on n'improvisait pas. On répétait des mois...

— Mon cher Deyglun (...) Faites vous raconter en

détail ce qui se passe par Mariette qui a vu et joué la pièce plusieurs fois et vous serez infiniment plus spontané que si vous appreniez un rôle en quatre ou cinq jours. (...) Et là-dessus, je vous attends avec Mariette à la gare Windsor à neuf heures, lundi matin. Nous ferons la générale de la pièce dans le train. En attendant souhaitez-moi une suave Lune de Miel.

(...)

Comme convenu Castel et Berthe Renout furent à la gare Windsor à l'heure dite. C'est dans le wagon-salon du rapide que nous avons répété pour la première fois la pièce. Mariette m'avait expliqué la situation en détail si bien que Berthe Renout qui avait elle aussi joué la pièce un grand nombre de fois me facilita grandement les choses, c'est elle qui donnerait les répliques clés à Maurice Castel, afin qu'il puisse faire tous les effets comiques habituels.

(...)

Maurice Castel allait attirer des foules considérables de la première à la dernière représentation.

(...)

Castel savait exactement ce qu'il voulait. Il voulait de la spontanéité, du naturel, de la vie. Il m'avait expliqué que si l'on voulait entrer en compétition avec le burlesque, il fallait se servir des mêmes méthodes, vieilles comme le monde; l'improvisation sur des thèmes donnés. Il fallait jouer au canevas. [120]

Ces canevas, lorsqu'ils existaient, nous l'imaginons maintenant, n'avaient rien de bien extraordinaire en soi. Et, comme nous l'avons vu plus tôt, une fois le bagage américain épuisé, ils pouvaient être conçus — et ils le furent d'ailleurs — par n'importe lequel des acteurs

momentanément inspiré. Leur intérêt reposait donc
principalement sur la troupe ou l'acteur qui les
interprétait. Chaque troupe, comme chaque acteur de
métier, possédait un fonds de canevas hérité de troupes
plus anciennes, voire de troupes concurrentes, auxquelles
elle ajoutait ses propres créations. Par ailleurs, certains
comédiens se marièrent entre eux et donnèrent naissance à
des enfants qui furent eux-mêmes comédiens. Ils leur
léguèrent leur matériel et le fils ou la fille joua les canevas
de ses parents, de même qu'il ou elle avait hérité de son
métier, de son personnage et de ses trouvailles. Le meilleur
exemple que nous puissions donner, et sans doute le plus
connu, est celui des Guimond père et fils. Voici
succinctement décrit par le fils cette espèce de jeu de l'écrit
à l'oral dont nous parlions précédemment et sur lequel
chevauche tout le répertoire:

> Les sketches, (disait Olivier Guimond fils) c'est du
> matériel de mon père, pour la majeure partie. Tous
> les ans, il allait à Broadway. Il prenait une scène ici,
> une scène là, achetait des droits, coupait des pièces
> de trois actes en une seule scène, émondait,
> rajoutait, etc... Le personnage, ça se fait avec les
> années. On regarde, on écoute, on apprend. [121]

Evidemment, le fils Guimond était allé à la bonne école.
De son père, il avait tout pris: le répertoire, les
intonations, etc. Et, comme lui, il s'était spécialisé dans le
rôle d'un personnage souvent mis en scène au burlesque,
un ivrogne:

> Un de ses immortels «bits» le transformait en
> fêtard attardé rentrant silencieusement chez lui aux
> petites heures en prenant toutes les précautions
> d'usage pour éviter d'être la cible du rouleau à
> pâte. Son père avait joué ce sketch silencieux. Son
> fils devait le reprendre, en changeant les mimiques
> et les roulements d'yeux, mais avec un égal
> succès. [122]

Gilles Latulippe et Manda Parent sur la scène du *Théâtre des Variétés*.
(Photo Robert; Archives du *Théâtre des Variétés;* coll.: Gilles Latulippe)

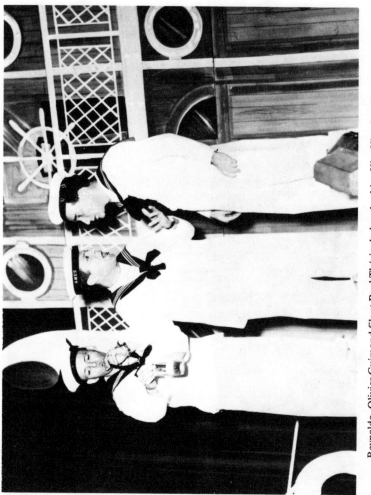

Reynaldo, Olivier Guimond fils et Paul Thériault dans le «bit» *Y'a, Y'a, donne-moi un verre de bière.* (Photo Pierre Sawaya; coll.: Paul Thériault)

Ce «bit» dont il est ici question s'intitule *Trois heures du matin*[123]. En résumé, le bonhomme ivre qui rentre chez lui est attendu par sa femme qui lui dit: «C'est une belle heure pour arriver», et lui de riposter: «C'est une belle heure pour faire des tartes»[124]. Ce «bit» (*3 A.M.*) est un classique du répertoire. Il est emprunté au bagage américain au même titre que *Beau et chaud* (*Fair and Warner*) ou que *A la cour* (*Courtroom bit*).

Si nous reconsidérions ces canevas aujourd'hui, nous parlerions de créations collectives. Car, une fois toutes les transformations apportées et tous les apports comptés, ces comédies devenaient finalement l'œuvre de concepteurs multiples, même si parfois le nom d'un auteur figurait dans la publicité destinée à la presse. On ne communiquait d'ailleurs pas toujours le ou les noms du ou des collaborateurs à la conception de la pièce; car rares étaient ceux ou celles qui avaient une réputation d'auteur(e) à préserver. Les comédies étaient plutôt annoncées de la façon suivante, en faisant référence aux vedettes, au directeur ou à la directrice de la troupe:

* Olivier Tizoune Guimond présente *Beau et chaud*

ou

* Joseph et Manda présentent *Paf! une tomate*

ou

* Rose Ouellette et la troupe présentent
Le filtre d'amour

Les personnages, les thèmes et la langue des canevas

Les pièces du théâtre burlesque n'étaient pas divisées en actes ou en tableaux, mais étaient sommairement fractionnées par les entrées et les sorties des personnages qui étaient elles-mêmes entrecoupées de rebondissements tels mensonges, ruses, quiproquo. Une fois le sujet de la pièce rapidement exposé, les intrigues se nouaient et se dénouaient sans traîner avant de glisser vers

la chute de la comédie. Les relances étaient provoquées par
le récit d'une anecdote, les enchaînements recréés par une
blaque racontée ou par une devinette inattendue apprise
par hasard quelques heures avant le spectacle.

Quant aux personnages mis en scène, ils
répondaient à des types classiques: ivrognes, putains,
cocus, etc. Sans passé, sans cohérence dans leurs
décisions, sans autre avenir que la réalisation du désir qui
s'emparait d'eux, ils n'évoluaient pas, vu la brièveté de la
pièce. Ils n'en avaient pas le temps ni les moyens étant à
l'image d'*une* catégorie. Bloqués en des emplois fixes, ils
étaient entraînés, dans un rythme vif et efficace, vers une
aventure où s'exprimaient les aspects fondamentaux des
passions humaines:

> Soit par règle, soit par instinct, le spécialiste du
> burlesque qui se concentrait sur l'humour se
> limitait à quelques sentiments primitifs: désir, peur,
> appétit, avarice et douleur. [125]

Ces personnages, par leur langage volontiers cru,
leur tracas quotidien et leur bonté naïvement populaire
faisaient revivre devant les yeux du public un monde qui,
s'il semblait plus ou moins réel et authentique parce que
ses protagonistes étaient allègrement tournés en ridicule,
agissait comme ressort comique particulièrement puissant:

> La fameuse déclaration de George Orwell, «ce qui
> est drôle est subversif», n'est qu'une constatation
> APRES COUP. Claude-Jean Philippe explique:
> «... L'absence de retenue dans l'agressivité (...) est
> un des éléments les plus forts du burlesque. A
> l'égard des flics, comme à l'égard de multiples
> adversaires qu'il se découvre, le personnage
> burlesque agit d'une manière pleinement SPON-
> TANEE. Par le biais du rire il libère ainsi chez le
> spectateur des tendances refoulées par les
> impératifs sociaux...» [126]

Gilles Latulippe et Olivier Guimond fils vêtus du traditionnel «misfit» dans le «bit» *Chante pas* au *Théâtre des Variétés*. (Photo Robert; Archives du *Théâtre des Variétés;* coll.: Gilles Latulippe)

Olivier Guimond fils dans *Agence matrimoniale.* (Photo Robert; Archives du *Théâtre des Variétés;* coll.: Gilles Latulippe)

C'est ainsi que les comédies burlesques ravalaient au niveau de la bouffonnerie, non seulement les croyances et les institutions, mais aussi leurs représentants: juges, avocats, médecins, curés, etc. C'était en quelque sorte une revanche allégorique contre les «grands», contre la discipline morale et contre l'ordre. Les rôles étaient intervertis et la hiérarchie troublée l'espace de quelques heures; c'était le monde à rebours, la libération éphémère des sous-fifres!

> Le monde rit toujours de l'autorité bafouée, de la belle-mère engueulée, du policier qui reçoit un coup de matraque, du médecin malade, de l'avocat pris pour plaider sa cause, du politicien qui fait élire son adversaire. Je ne me sers pas des autres pour faire rire, mais de moi. Je leur parle comme si c'était des proches de ma famille et mes amis. Je me prends à partie. Je commence par rire de moi-même et les gens aiment ça. C'est mon frère qui est dans la police ou mon père qui est mal pris ou ma belle-mère qui reçoit les taloches. Je fais toujours partie de mon monologue. Je m'arrange pour avoir l'air fou plutôt que mes cibles. [127]

Tous ces canevas, ou presque, dont les personnages sont victimes de coups raffinés ou grossiers, pourraient être repris de nos jours. «Les gags de La Poune, on les joue encore aujourd'hui et c'est le même répertoire que Guimond père[128].» S'il est possible de présenter à nouveau ce matériel, c'est précisément parce que, quelques revues d'actualités mises à part, il ne portait pas ou peu sur les événements qui firent les manchettes du temps[129]. Les acteurs préféraient plutôt utiliser les vieux thèmes à succès de la farce, notamment ceux des malheurs du mariage ou de la cruauté du cocuage propres à faire naître le rire franc, le rire à gorge déployée[130]. A vrai dire, il n'y avait pas de thématique spécifique dans les «bits» et les comédies du théâtre burlesque. Il s'agissait beaucoup plus de tisser un spectacle divertissant avec les fibres disparates d'anecdotes, d'histoires et de plaisanteries. Aussi, les comédies étaient plutôt conçues de façon séquentielle, comme une combinaison d'instants ou comme un enchaînement d'épisodes sans implication de causalité, que «conséquentielle», c'est-à-dire comme le résultat du développement d'une intrigue[131].

L'intrigue, le caractère des personnages et la thématique de la pièce pouvaient, en outre, être subordonnés à la dextérité des comédiens. C'est-à-dire qu'on n'hésitait pas à inventer des histoires, à innover ou à faire des entailles aux scénarios pour permettre au «performer» de faire son numéro. Cette altération du canevas était aussi motivée par le désir de plaire au plus grand nombre. La structure de la pièce pouvait et devait varier selon l'impact qu'elle produisait sur l'auditoire. Le résultat de la performance était plus important que la performance elle-même. L'essentiel était de dire, de raconter et de faire ce que le public de tel soir voulait bien entendre et voir. Nous l'avons déjà dit, les «burlesquers» n'apprenaient rien par cœur; ils ajustaient leurs répliques pour satisfaire à la demande. Mais, pour jouer ainsi et sous des dehors de parfait relâchement, «il fallait avoir un métier du tonnerre, il fallait avoir un bagage de gags»[132]. Cette façon de travailler, ils la partageaient une fois de plus avec les «comics» burlesques du cinéma américain:

> IMPROVISATION n'implique cependant pas une création de chaque instant où le hasard est le seul artisan. Les équipes de tournage gardent en réserve un certain nombre de gags déjà construits, de procédés divers qui n'attendent que le moment propice pour prendre leur place à l'intérieur du film (tout comme à la scène); bien souvent même (et particulièrement pour Laurel et Hardy), une bonne trouvaille sera réutilisée à l'occasion, et, par une évolution naturelle, amenée à un point de perfection extrême. [133]

Pour alimenter leurs canevas et leur jeu, les acteurs de chez nous disposaient aussi d'un arsenal de matériaux multiples. Matériaux qui servaient aux reproches, aux menaces, aux sentiments de jalousie, etc. Mais il n'en était pas moins surprenant de voir qu'en face du public, et en improvisant avec des improvisateurs, ils pouvaient choisir avec empressement et à point nommé la réplique, la mimique ou l'attitude qui allait enlever les applaudissements des spectateurs. Cette manière de jouer sur-le-champ, qui rendait le style très faible, rendait en même temps l'action très allègre, très gaie et la scène grouillante de vie...

Cet énorme bagage de déclarations d'amour, de reproches, d'extravagances, de gestes expressifs et de jeux de physionomie, propre aux «burlesquers» et caractéristique du genre, doit être considéré aujourd'hui à sa juste valeur. Car c'est cette panoplie de comportements et d'expressions toutes faites qui a servi à perpétuer, à travers les générations d'acteurs, le caractère, la langue et les gestes traditionnels des personnages des comédies burlesques; cela, sans diminuer pour autant le mérite des improvisateurs. Il y avait ainsi, dans le répertoire, des canevas ou des gags-clefs auxquels un acteur pouvait référer un présence d'un public difficile. Dans le jargon du métier, ces gags ou ces sketches au succès assuré répondent à la dénomination de «canons». L'histoire de la catalogne racontée par Olivier Guimond fils dans *Trois heures du matin* en est un exemple [134]. Un canon «c'est un gag qu'on a fait pas mal partout, qui a été éprouvé, qui a pris pas mal partout, qui marche à coup sûr» [135]. Or, quand les spectateurs sont difficiles à «réchauffer», «à ce moment-là on va sortir de ce qu'on avait prévu et on va sortir nos 'canons' pour aller les chercher» [136].

La langue utilisée par les comédiens du burlesque, comme celle des canevas, était également une autre des conditions essentielles qui assurait le succès. Les comédiens parlaient le même langage que l'auditoire; ils

disposaient d'un vocabulaire similaire à «monsieur tout
l'monde»: anglicismes, termes impropres, etc. On
retrouve d'ailleurs le même phénomène aux Etats-Unis où,
jusqu'en 1940, le «burlesquer» américain utilisait patois et
dialecte qui lui garantissaient les rires. «La tâche de
l'acteur comique se compliqua également à cause de la
campagne menée contre les dialectes vers 1940, car jusque
là les mots mal prononcés, le mauvais anglais, et les
accents étrangers suscitaient infailliblement le rire»[137].
Mais, au Québec, les «comics» savent qu'il faut encore
aujourd'hui triturer le langage pour amuser et avoir du
succès:

> Qu'est-ce qui fait donc leur triomphe? Ti-Gus nous
> dit que c'est sans doute leur sens inné du comique,
> leur travail, leur expérience, tout cela allié au fait
> qu'ils préparent et créent eux-mêmes tous leurs
> sketches improvisant leur numéro en grande partie
> (...) Et puis, il y a aussi sans aucun doute le fait que
> leurs dialogues sont truffés d'anglicismes et de
> joual. «Voyez-vous, si je parlais le bon français,
> nous dit Ti-Gus, ce ne serait plus moi, ce ne serait
> plus Ti-Mousse et on flanquerait tout par terre.
> Nous représentons en fait les braves gens du
> faubourg qui s'identifient à travers nos
> personnages.»[138]

Le répertoire du théâtre burlesque était finalement
à l'image de tous ceux et celles qui s'exprimaient sans
artifice et sans censure, qui racontaient, à une époque où il
nous était rarement donné d'en entendre sur scène, des
histoires gauloises, folles truculentes dans un vocabulaire
coloré et savoureux, dans la simplicité de leurs qualités et
de leurs défauts.

> Si le Français est discoureur et palabreur, le
> Québécois, lui, est raconteur. Si le Français, quel
> qu'il soit, enseigne toujours quelque chose à
> d'autres et qu'on puisse envisager la vie française

comme une espèce de concours permanent où chacun pour continuer à vivre doit connaître les bonnes réponses — comme dans tout concours — le Québécois, lui, a toujours quelque chose à raconter à d'autres, non pour lui enseigner quoi que ce soit, mais pour faire rire, pour confirmer des solidarités de groupe.[139]

Les «burlesquers» d'ici, en se soumettant humblement à la sanction du public, se sont taillés une place dans la tradition des conteurs. On aimait rire, ils se firent raconteurs d'histoires. Et, s'ils transgressèrent parfois les interdits de l'époque, ils permirent par le fait même de soulever le couvercle des pulsions de l'homme québécois. Ils renouèrent, en cela, avec la tradition essentielle d'un rire qui soulage, d'un rire libérateur.

Guimond fils était allé à la bonne école… celle de son père. (Archives du *Théâtre des Variétés*; coll.: Gilles Latulippe)

«Tizoune lisant les rapports de la bourse» (Olivier Guimond père). Programme du *National.* Semaine du 10 novembre 1930. (Photo: Famous Photo Studio; Bibliothèque nationale du Québec, département des manuscrits)

Notes

1 Cité par Roland Lacourbe dans *Laurel et Hardy ou l'enfance de l'art,* Paris, Seghers (1975), p. 9.

2 Juliette Petrie, *Quand on revoit tout ça! Le Burlesque au Québec 1914-1960,* Montréal, Les Éditions Juliette Petrie (1977), 223 p.

3 Philippe Laframboise, *La Poune,* Montréal, Editions Héritage (1978), 139 p.

4 *Ad lib.,* cf. lexique, appendice A.

5 Léo Rivet en entrevue, le 13 novembre 1980.

6 Laframboise, *op. cit.,* p. 54.

7 *Ibid.,* p. 55.

8 Alys Robi, *Ma carrière et ma vie,* Montréal, Editions Quebecor, (1980) p. 37.

9 *Ibid.,* p. 32.

10 Gérald Godin, «Le dernier de la dynastie Tizoune III», s.l., décembre 1963. Nom du périodique inconnu. Article provenant du fichier biographique de la Société Radio-Canada à Montréal.

11 Olivier Guimond fils *in Le Bel Age.* Emission diffusée à la radio de Radio-Canada le 5 mars 1963.

12 Philippe Laframboise, «Elle (Juliette Petrie) se destinait à la couture mais le mariage en a fait une comédienne», s.l.n.d. Nom du périodique inconnu. Article provenant du fichier biographique de la Société Radio-Canada à Montréal.

13 Léo Rivet en entrevue, le 13 novembre 1980.

14 Denise Martineau, *Juliette Béliveau, sa vie, sa carrière,* Montréal, Les Editions de l'Homme (1970), p. 39.

15 Albert Duquesne, Paul Coutlée et Camillien Houde y auraient étudié en même temps.

16 On trouvera à l'appendice F la transcription de ce sketch interprété par Paul Berval, Denis Drouin, Olivier Guimond et Gilles Latulippe. Ce sketch fut enregistré sur disque Trans-Canada OG-57.

17 En collaboration, *Jean Grimaldi présente,* Montréal, René Ferron éditeur (1973), p. 47.

18 Juliette Béliveau au journal *La Patrie* (Montréal), 1966. Citée par Denyse Martineau, *op. cit.,* p. 114.

19 Petrie, *Quand on revoit tout ça!,* p. 125.

20 *Ibid.,* p. 94.

21 *Ibid.,* p. 46.

22 Emission *A chacun son tour* diffusée à la radio de Radio-Canada, le 7 août 1967. Invitées: Juliette Petrie et Rose Ouellette.

23 *Ibid.*

24 Bernard Sobel, *A Pictorial History of Burlesque,* New York, Bonanza Books (1956), p. 71. Cet ouvrage n'étant pas traduit, nous avons jugé bon de faire traduire cette citation ainsi que les autres passages que vous trouverez aux notes 73, 108, 117 et 125. «Much of the humor of burlesque derived from optical effects. Laughter was evolved by the physical appearance of the comedians and the mechanical properties which they employed. They usally got a laugh the moment they made their entrance because of the ridiculous nature of their make-up and costumes».

(C'est à Solange Vouvé, professeur à l'Université Laval, que nous devons la traduction de ce passage de Sobel et des autres du même auteur qui suivront).

25 Laframboise, *La Poune,* p. 65.

26 «Le talent de Guimond a vaincu le snobisme», *TV Hebdo,* vol. 1, no 4, 10-16 septembre 1960, p. 5.

27 Léo Rivet en entrevue, le 13 novembre 1980.

28 Le «straight», comme le «comic», pouvait être interprété soit par un homme, soit par une femme. Il y avait en effet des «comics» féminins, comme Rose Ouellette, et des «straights» féminins, comme Juliette Petrie. Notons aussi l'existence de couple mixte de «comics» tel Joseph et Manda. (Une liste plus détaillée figure à l'appendice B).

29 Petrie, *Quand on revoit tout ça!,* p. 37.

30 Léo Rivet, qui s'est produit comme «straight» auprès d'une douzaine de «comics» différents (Tizoune père et fils, Swifty, Pic-Pic, Pizzy-Wizzy, Wildor, Ti-Zef, Zozo, Caroline, La Poune, Gilles Latulippe et Claude Blanchard), raconte que chacun a sa façon de travailler. Ainsi le «straight» ne peut se trouver à la gauche du «comic» si celui-ci a l'habitude d'avoir son partenaire à sa droite (comme Gilles Latulippe ou Claude Blanchard) ou vice-versa (comme Rose Ouellette avec qui il faut travailler à gauche), «sinon ils sont perdus». (*entrevue déjà citée*).

31 Léo Rivet ajoute que le public comprend mieux aujourd'hui les fonctions du «comic» et du «straight». Il relate s'être déjà fait dire par des spectateurs que le «comic» avec qui il travaillait était bien plus drôle que lui! Puis, il ajoute: «je répondais: bien, j'espère! Les gens ne réalisaient pas le travail que tu faisais à côté». (*Entrevue déjà citée*).

32 C'est elle ou lui qui décidait aussi des comédies qui seraient jouées.

33 Emission *Tel Quel* diffusée à la radio de Radio-Canada, le 21 décembre 1968.

34 Ces artistes fort nombreux, dont nous n'évoquerons ici que les principaux noms, mériteraient très certainement une étude à eux seuls que nous ne pouvons réaliser dans le cadre de cette publication.

35 C'est ainsi que nous pouvions le lire dans la publicité: «Comme attraction spéciale, nous verrons la célèbre danseuse espagnole, la princesse Zormana; elle a fait courir tout New-York au théâtre *New-Garden,* elle fera courir tout Montréal au *National*» (Communiqué du théâtre *National* à *La Presse,* le 7 février 1925). L'annonce présentait plutôt Zormana comme «célèbre danseuse égyptienne»! (*La Presse,* même date).

36 Juliette Petrie in *Visage*. Emission diffusée à la télévision de Radio-Québec, le 1er juillet 1979.

37 Soulignons les noms de deux chefs d'orchestre qui dirigèrent les musiciens aux beaux jours du *National:* A. Grenier et Wilfrid Proulx, ainsi que celui de Johnny Laurendeau qui travailla au *Radio-Cité*.

38 Il faut cependant noter une exception: encore une fois le *National* qui, en 1929-1930, accorde dans ses programmes les crédits aux musiciens suivants qui furent dirigés par Messieurs Grenier et Proulx: Madame Rondeau, Messieurs C. Beaupré, C. Chueider, C. Lewis, M. Gary et M. Hébert.

39 Laframboise, *La Poune,* p. 98.

40 Petrie, *Quand on revoit tout ça!,* p. 165.

41 Alys Robi, *Ma carrière et ma vie enfin toute la vérité,* Montréal, Editions Quebecor, (1980), pp. 29 à 51.

42 Léo Rivet en entrevue, le 13 novembre 1980.

43 Robert Prévost, *Que sont-ils devenus?,* Montréal, Editions Princeps, (1939), pp. 81 à 87.

44 Philippe Laframboise, *Le répertoire de «C'était l'Bon Temps»,* Montréal, Editions Télé-Métropole, no 2, p. 160. Le texte et la musique des chansons que nous citons ici se trouvent dans ce répertoire, accompagnés d'une brève présentation dont nous tirons plusieurs de nos informations.

45 Dès la fin des années vingt, Alexandre Desmarteaux enregistra plus d'une vingtaine de chansons sur étiquettes Apex, Starr et Columbia. Parmi celles-ci: *Le baiser, Philomène, Etudiant et Cocotte, Le fou-rire, Les jambes en l'air, Oh! Mon Doux qu'elle est belle, Pourquoi l'ai-je embrassé?, C'est Marie Thalon,* etc.

46 Laframboise, *op. cit.,* no 3, p. 226.

47 *Ibid.,* no 1, p. 46.

48 *Ibid.,* no 6, p. 556.

49 Quelques-unes de ces chansons ont été transcrites par l'auteure. Les textes de celles-ci figurent à l'appendice M.

50 Il faut toutefois mentionner les noms de scène de quelques garçons, danseurs exceptionnels, qui restèrent en mémoire de tous les artisans du burlesque au Québec: Reynaldo (ou Raynaldo) et Géraldo, puis Rémi et Kelly.

51 Notons cependant que, dans les annonces et les communiqués réservés à la presse, ces «filles» (non pas les «attractions», mais celles qui font partie de la «ligne») sont rarement identifiées. Par contre, on mentionne souvent leur nombre (elles sont 6, 8 ou davantage) et on les qualifie toujours de «jolies filles».

52 Juliette Petrie en entrevue, le 11 octobre 1978.

53 Parmi celles dont on n'a pas oublié les noms, il faut citer: les Campbell Sisters, deux jumelles identiques, les Watson Sisters, les Vester Sisters, les Merrill Sisters, les quatre sœurs Rosebuds, Rita Cox, Grace

Chapman, Florida Roy et Scotty Fraser une des meilleurs et des plus belles danseuses, disait-on.

54 Petrie, *entrevue déjà citée.*

55 Petrie, *op. cit., p. 55.*

56 Bernard Sobel décrit longuement la composition de ces spectacles dans ses ouvrages intitulés *A Pictorial History of Burlesque* et *A Pictorial History of Vaudeville.*

57 Petrie, *Quand on revoit tout ça!,* p. 36.

58 Petrie, *op. cit.,* p. 34. Arthur Petrie, qui avait fait du vaudeville aux Etats-Unis, a commencé sa carrière ici en commentant ces films muets qui étaient parfois des chansons illustrées.

59 Emission *Visage* diffusée à la télévision de Radio-Québec, le 1er juillet 1979.

60 Petrie, *op. cit.,* p. 36.

61 «La première sorte de jazz à avoir un impact sur le tableau du marché de la musique populaire fut précisément ce genre de musique nommé ragtime». A.L.L.E., *The New Encyclopædia Britannica,* Chicago, London, Toronto, etc., Helen Hemingway Benton Publisher, (1980), vol. 14, p. 810. (Traduction de l'auteure).

62 Paul Thériault en entrevue, le 5 décembre 1978.

63 Léo Rivet en entrevue, le 13 novembre 1981.

64 Gérald Godin, «Le dernier de la dynastie Tizoune III», décembre 1963, s.l. Nom du périodique inconnu. Article provenant du fichier bibliographique de la Société Radio-Canada à Montréal, *op. cit.*

65 Petrie, *op. cit.,* p. 36.

66 *Ibid.*

67 Laframboise, *La Poune,* p. 78.

68 Annonce du *Poulet à Ring* avec Tizoune, Effie Mack, etc., au théâtre *National in La Presse* (Montréal), vol. 41, no 166, 2 mai 1925, p. 44.

69 Petrie, *Quand on revoit tout ça!,* p. 38.

70 En 1930, la maison Joseph Ponton occupait le 35 Notre-Dame est, à Montréal. Elle est aujourd'hui située au 451 Saint-Sulpice.

71 Petrie, *op. cit.,* p. 37. La maison *Schiller Bross* est toujours située au 1421 de la rue Saint-Laurent à Montréal.

72 Jusque vers 1920 environ, l'allure du «comic» s'apparentait véritablement à celle du clown. Il était coiffé d'un chapeau (que Guimond fils et Latulippe ont conservé), revêtait un pantalon flottant et, ce qui était plus typique, se maquillait comme le clown. Il se dessinait, en effet, d'épaisses lèvres qu'il peignait de blanc, portait une perruque rouge et un énorme nez de la même couleur, appelé «putty nose» ... évocation probable du nez de l'alcoolique, personnage souvent interprété par le «comic».

Guimond père a longtemps gardé ce déguisement, comme plusieurs des «comics» de sa génération (tels Swifty, Pizzy-Wizzy, Bozo), «jusqu'au jour où (racontait Guimond fils) le directeur d'un théâtre de Détroit le força sans ménagement à s'en départir. Lorsqu'il reparut sur la scène sans son costume, mon père faillit mourir de trac. Puis il comprit que le maquillage n'a pas d'importance. Si vous obtenez votre premier rire en entrant, c'est gagné!» (?, «Au sommet d'une carrière étonnante», s.l., 22 avril 1966. Article provenant du fichier biographique de la Société Radio-Canada à Montréal).

73 Bernard Sobel, *A Pictorial History of Burlesque*, p. 72. «Nearly all the comics wore ragged clothes, ill-fitting and grotesque. Certain ones wore enormous shoes, sometimes with enormous protruding papier-mâché toes. A favorite device was to use trousers too large for the body and let them drop down unexpectedly. Most of them wore an alcoholic red putty nose which made their normal proboscis twice the size, completely out of proportion with their normal features. Some wore flesh-colored skullcaps which created the impression of an extremely bald pate. Others wore 'scare' wigs, so constructed that the false hair stood on end as if in a continuous state of fright.»

74 Emission *Visage* diffusée à la télévision de Radio-Québec, le 17 février 1979.

75 *Ibid.*

76 Michel Tremblay, *La grosse femme d'à côté est enceinte*, Montréal, Leméac, (1978), p. 164.

77 Rose Rey-Duzil en entrevue, le 30 novembre 1978.

78 Léo Rivet en entrevue, le 13 novembre 1980.

79 On remarque en effet, en parcourant les journaux, que certains théâtres — à l'instar du Gayety qui, dès 1915, annonçait «des matinées pour dames tous les jours» et dont l'admission était, dans ce cas, fixée à 10 cents — (*La Presse*, 25 septembre 1915, annonce du théâtre *Gayety*) — sollicitèrent particulièrement la présence de la gent féminine en matinée. Ainsi, nous pouvions lire, le 14 février 1925, dans *La Presse:* «Lundi: Soirée des Chats-Noirs, mercredi: matinée des dames, vendredi soir: concours de danse» (annonce du théâtre *National*).

80 Petrie, *Quand on revoit tout ça!*, pp. 124-125.

81 Olivier Guimond *in Radiomobile*. Emission diffusée à la radio de Radio-Canada le 25 janvier 1971.

82 Annonce du théâtre *National*. (*La Presse*, 21 septembre 1935). Précisons que c'est le 28 mars 1928, à la suite de l'incendie du *Laurier Palace*, survenu le dimanche 8 janvier 1927 et où 78 enfants de 6 à 18 ans trouvèrent la mort, qu'une loi fut votée exigeant la fermeture des salles de spectacle le dimanche et interdisant l'accès des théâtres et des cinémas au moins de seize ans. Une vaste campagne fut alors entrepris par les autorités bien-pensantes afin de protéger l'enfance contre les incendies et contre les «mauvais» spectacles. Mais il semblerait bien — comme l'indique d'ailleurs plus haut l'annonce du *National* qui offrait à nouveau, à peine quelques années plus tard, des matinées spéciales pour enfants — que la nouvelle loi n'ait pas changé «grand-chose à ce qui existait avant» et «comme tous le savent, les cinémas n'ont jamais fermé le dimanche». Léon-H. Bélanger, *Les Ouimetoscopes. Léo-Ernest Ouimet et les débuts du cinéma québécois,*

Montréal, VLB éditeur, (1978), pp. 215 à 225.

83 Le règlement no 103 de la ville de Montréal interdisait les spectacles le dimanche. Bien qu'il n'ait jamais été abrogé, ce règlement est tombé en désuétude avec les années. Il se lisait comme suit: «No 103. Règlement pour défendre l'ouverture de théâtres, cirques ou autres places d'amusement de ce genre, le dimanche. (Passé le 19 septembre 1876). Sec. 1. Il est défendu d'ouvrir et de tenir ouvert en cette cité, le dimanche, aucun théâtre, cirque, ménagerie ou place d'amusement où l'on donne des représentations athlétiques, gymnastiques, de ménétriers, vélocipèdes ou autres jeux bruyants de ce genre. Sec. 2. Quiconque contreviendra aux dispositions de ce règlement sera passible d'un emprisonnement dont le terme n'excédera pas deux mois de calendrier, à la discrétion de la cour du Recorder.» *Les règlements de la ville de Montréal,* numéros 1 à 274. Ce règlement est étudié par Laflamme et Tourangeau dans *L'Eglise et le Théâtre* et la polémique qu'il a suscitée est abondamment développée par Léon-H. Bernier dans *Les Ouimetoscopes.*

84 Pour connaître la capacité de ces salles, consulter l'appendice L.

85 Les théâtres *Gaiété* et *Impérial* étaient situés tous deux sur la rue des Forges. Le premier occupait, selon l'ancienne numérotation, les numéros 29 et 31 (*in Almanach des Trois-Rivières,* 1915), tandis que le second se trouvait au même emplacement qu'aujourd'hui, à l'angle de la rue Champlain, au numéro 373 (nouvelle numérotation effectuée vers 1935-36).

86 Soulignons que quelques chercheurs américains se sont consacrés depuis plus d'une dizaine d'années déjà à l'étude du répertoire du théâtre burlesque joué aux Etats-Unis. Ils ont non seulement répertorié des canevas, mais aussi fait quelques études analytiques.

87 Juliette Petrie en entrevue, le 11 octobre 1978. Léo Rivet abonde dans le même sens: «les 'bits' traditionnels sont un répertoire américain. On les faisait venir des Etats-Unis, des maisons spécialisées». Puis il nous donne ensuite un exemple de modification élémentaire apportée au canevas initial: «Si dans un sketch comique on parlait de la cinquième avenue à New York, nous on parlait de la rue Saint-Laurent à Montréal». (Léo Rivet en entrevue, le 13 novembre 1980).

88 Billy Glason, «Fun Master» Comedy Service, 200 W. 54th Street, New York.

89 Laurence Senelick, «Variety into vaudeville, the process observed in two manuscript gagbooks», *Theatre survey,* University of Pittsburg, Vol. XIX, number 1, May 1978, pp. 1-2.

90 *Billboard:* publication américaine de distribution internationale destinée à tous les intervenants du monde du spectacle.

91 Des recueils «d'historiettes-farces» furent aussi mis en vente au Québec, quoique pas spécialement pour les «burlesquers». Nous en avons retrouvé une annonce à la page 10 du *Canard* du 31 juillet 1921: «Le premier volume contenant 160 pages d'historiettes-farces qui ont paru dans «le Canard» en 1919-1920, est maintenant mis en vente à l'imprimerie A.P.

Pigeon, 105-109 Ontario Est, Montréal, au prix de 25 cents l'unité ou 30 cents par la malle».

92 Senelick, *op. cit.,* p. 2.

93 «(...) *to gag* signifiait essentiellement improviser une partie de son texte pour cacher un trou de mémoire ou un incident quelconque. Mais à ce sens très limité s'en est bientôt ajouté un autre plus technique et plus intéressant, venu du music-hall et qui, avec la vogue des numéros comiques au tournant du siècle, s'est manifestement imposé. Le dictionnaire Oxford en donne la définition suivante: 'Effet ou jeu de scène comique soigneusement préparé et introduit dans un sketch de music-hall, une pièce de théâtre, etc.' On passe ainsi d'une simple improvisation utilitaire, pratique pour 'enchaîner', à une construction préméditée et de caractère esthétique.» *In:* Coursodon, *Keaton et Cie les burlesques américains du «muet», op. cit.,* pp. 29-30.

94 Léo Rivet en entrevue, le 13 novembre 1980.

95 Paul Thériault en entrevue, le 5 décembre 1978.

96 Pour plus d'information sur ces auteurs, voir:

Sous la direction de Maurice Lemire, avec la collaboration de Gilles Dorion, André Gaulin et Alonzo Leblanc, professeurs à l'Université Laval, *Dictionnaire des œuvres littéraires du Québec,* Montréal, Fides, Tome II, (1980).

Laurent Mailhot et Doris-Michel Montpetit, *Monologues québécois 1890-1980,* Montréal, Leméac, (1980).

Le théâtre canadien-français: évolution, témoignages, bibliographie. Archives des lettres canadiennes-françaises, tome V, Montréal, Fides, (1976).

Edouard-Gabriel Rinfret, *Le théâtre canadien d'expression française.* Montréal, Leméac, Tomes I-II-III, 1975-1976-1977.

97 Cette prépondérance du répertoire américain est manifeste avant 1930. Ensuite, on s'en inspire. Puis, devant l'exigence d'une nouvelle comédie à mettre à l'affiche chaque semaine, on «passe des commandes» aux comédiens avant de céder la place aux «créations collectives» tout en puisant, au besoin, dans le répertoire américain.

Rose Ouellette (alors qu'elle était directrice du *National*) arrivait le samedi à une heure. Elle disait:

— Bon, pour la comédie cette semaine, j'ai pensé à une affaire. Madame Petrie va être la mère. Toi, Desmarteaux, tu vas être le père et puis, Lucienne Narbonne, tu vas être la fille. Et toi (Léo Rivet) son cavalier. Tu l'as laissée.

Elle nous donnait ensuite le «punch» final, puis on improvisait tous ensemble.
(Léo Rivet en entrevue, le 13 novembre 1980).

98 D'après Sobel, auteur de *A Pictorial History of Burlesque* (*op. cit.,* p. 11), les origines du genre sont cependant plus lointaines. Elles remontent à Aristophane, en passant par l'Italie des XVIᵉ, XVIIᵉ et XVIIIᵉ siècles, avant d'atteindre les Etats-Unis:

On dit d'Aristophane (Ve siècle avant Jésus-Christ) qu'il est le père accrédité du burlesque; dramaturge, poète, novateur et réformiste, c'est par la parodie qu'il réussit à se faire entendre. Il traitait avec humour les affaires courantes et son style était truffé de gags, de jeux de mots et de calembours. C'est lui qui, le premier, aborda le thème de la séduction au théâtre. Vingt-cinq siècles plus tard, le burlesque américain employait les mêmes procédés (langage et geste) en les réduisant au plus petit dénominateur commun afin de répondre aux goûts populaires.

La transition, cependant, ne fut pas aussi simple qu'elle le paraît. Du Moyen-Age au XVIIIe siècle, les Italiens firent trois contributions à ce que nous appelons aujourd'hui le burlesque américain: «the burletta, the Gesta Romanorum, and the *comedia dell'arte*». (Traduction de l'auteure).

99 Petrie, *Quand on revoit tout ça!,* p. 58.

100 *Ibid.*

101 Juliette Petrie en entrevue, le 20 octobre 1978.

102 *Ibid.*

103 Marcel Rioux, *Les Québécois,* Paris, Editions du Seuil, (1974), (Coll. «Le temps qui court»), p. 51.

104 Par opposition à théâtre populaire (le burlesque en étant une forme), nous entendons par théâtre officiel ou classique: des manifestations théâtrales généralement subventionnées, souvent écrites par un dramaturge reconnu, interprétées par des comédiens ayant habituellement reçu une formation dramatique dans une maison d'enseignement spécialisée, destinées à un public initié et présentées en des lieux spécialement conçus pour véhiculer la Culture.

105 Ce qui ne signifie pas pour autant que tous les textes dramatiques «savants» qui ont été montés aient été publiés.

106 Paul Thériault en entrevue, le 12 novembre 1980.

107 Gilles Latulippe *in Tel Quel.* Emission diffusée à la radio de Radio-Canada le 21 décembre 1968.

108 Sobel, *A Pictorial History of Burlesque,* pp. 73-74. «The 'bits', however, were what made the comic. They furnished the bulk of the material on which most burlesque dialogue and action were based, and often these very same bits furnish the material for a large percentage of the sketches and black-outs used in present-day revues. Only a limited number of book shows dared to trust their fortunes to new dialogue and even these retained some bits intact, to insure stock laughs. (...) Considered technically, the bits have a basic pattern, a kind of formula. The typical bit always contains a menacing situation — a man caught with another man's wife, for instance. This situation, because of its universal applicability, is open to innumerable deviations. The second man can kill the first, all three can commit suicide, or turn the whole incident into a joke.»

109 Léo Rivet en entrevue, le 13 novembre 1980.

110 Juliette Petrie affirme que «le répertoire compte tout au plus cinq

cents pièces. (...) D'une saison à l'autre, il y avait des reprises. Car, il y a très peu d'intrigues vraiment comiques sur lesquelles on peut bâtir une bonne comédie. Les sketches et les comédies se passaient donc de l'un à l'autre et, interprétés par quelqu'un d'autre, ils étaient joués différemment». (Petrie en entrevue, le 20 octobre 1978).

111 Paul Thériault en entrevue, le 5 décembre 1978.

112 Inventaire effectué à partir du dépouillement des programmes du *Théâtre des Variétés,* du 23 septembre 1967 au 28 mai 1972 (19 «bits» et 128 grandes comédies). Cet inventaire se trouve à l'appendice I.

113 Cet inventaire figure à l'appendice H.

114 Ainsi, nous pouvons présumer que *Aux îles Hawaï,* présenté au théâtre *National* en octobre 1940, soit analogue à *A Hawaï* proposé par le *Théâtre des Variétés* en 1971, ou que *La dinde du jour de l'an,* à l'affiche du *National* en janvier 1928, puisse ressembler à l'ouverture musicale *Les dindes* offerte au public du *Théâtre des Variétés* en novembre 1970. Mais ce n'est qu'une hypothèse. Par contre, c'est avec beaucoup plus de certitude que nous pouvons affirmer que les trois spectacles suivants reposent sur le même canevas: *Devant le juge* interprété, entre autre, par Rose Ouellette au théâtre *National* en mars 1940, *A la cour* mettant en vedette Olivier Guimond au *Théâtre des Variétés* en février 1969 et *Le juge* avec Olivier Guimond, Denis Drouin et Paul Berval en avril 1970, toujours au *Théâtre des Variétés.* Inversement, un seul titre peut renvoyer à deux productions différentes. Ainsi, *1-2-3-Go* «comédie musicale de burlesque bouffe», disait l'annonce, avec Pizzy-Wizzy et Macaroni, jouée au théâtre *National* en mai 1926, porte le même titre que la revue musicale en deux actes de Gilles Latulippe. S'agit-il d'un canevas similaire? D'un hasard ou d'une coïncidence?... Le scénario de l'une n'a-t-il rien à voir avec celui de l'autre? On l'ignore.

115 Léo Rivet, *entrevue déjà citée.*

116 Francine Grimaldi en entrevue, le 23 novembre 1978.

117 Sobel, *op. cit.,* pp. 74-75. «The humor of these situations is rarely evident in the printed script. For the laughs must be acted out and visualized. The personality of the players, the action and the phrasing created the laughs (...) Experienced burlesquers could describe an entire show by merely inspecting the properties. If there's a gavel backstage, then there's a courtroom bit; and so on indefinitely. They could play a whole bit by merely knowing the first line, 'I'll see you around the corner', and the tag. The intervening dialogues they improvised. (...) So fearful was the comic of the theft of his bits that he committed them to memory, never trusting them on paper. Yet the bits, as a matter of fact, were original only insofar as personal presentation was concerned. (...) But there was no need worrying about who wrote the bits, for there were more than enough to go around, and with repetition they always supplied an audience with the 'joy of recognition'. On the road, comics were popularly identified by their own bits just as they were identified by characteristic business or expression.»

118 Pour avoir une idée du genre de répertoire dont il est question, voir les appendices D, E, F et G.

119 Laframboise, *La Poune,* p. 96.

120 Henri Deyglun, *La petite histoire de l'histoire du spectacle...,* pp. 156 à 162.

Ce texte a été reproduit conformément au manuscrit déposé aux Archives publiques du Canada.

121 Gérald Godin, «Le dernier de la dynastie Tizoune III», *loc. cit.*

122 Maurice Desjardins, «Un enfant de la balle», *Journal de Montréal,* le 30 novembre 1971.

123 La transcription de ce «bit» interprété par Guimond se trouve à l'appendice G.

124 Le «punch» du «bit» *Trois heures du matin* est ici raconté par Gilles Latulippe dans l'émission *Tel quel, op. cit.*

125 Sobel, *A Pictorial History of Burlesque,* p. 77. «Either because of rule or instinct, burlesquers concentrating on humor confined themselves to a few elemental emotions — lust, fear, appetite, greed and pain.»

126 Cité par Roland Lacourbe dans *Laurel et Hardy ou l'enfance de l'art,* Paris, Seghers, (1975), p. 109.

127 Propos de Gilles Latulippe recueillis par Jean-Paul Sylvain dans *Le Petit Journal,* le 16 décembre 1971.

128 Gilles Latulippe, *in* émission *Tel Quel, op. cit.*

129 Parmi ces exceptions, mentionnons, à titre d'exemple, la revue de Marcel Dequoy *En avant la prospérité* présentée au théâtre *National* en octobre 1935 et montée «en marge des récentes élections fédérales» comme on pouvait le lire sur le communiqué. (*La Presse,* 19-10-1935).

130 L'inventaire des titres des pièces jouées dans quelques théâtres montréalais entre 1925 et 1930 est, à cet égard, particulièrement éloquent (voir appendice H).

131 Le répertoire du théâtre burlesque, sur lequel nous ne pouvons nous attarder davantage dans le cadre de cet ouvrage, fait présentement l'objet de mes recherches de doctorat.

132 Gilles Latulippe *in* émission *Tel Quel, op. cit.*

133 Lacourbe, *op. cit.,* p. 62.

134 Voir appendice G.

135 Gilles Latulippe *in* émission *Tel Quel, op. cit.*

136 *Ibid.*

137 Sobel, *op. cit.,* p. 80. «The task of the comic was made difficult also by a campaign against dialect, initiated about 1940. For up to that time mispronounced words, broken English and foreign accents were sure laugh-getters.» (Traduction de l'auteure).

138 Manuel Maitre, «Ti-Gus et Ti-Mousse attirent les foules depuis 16 ans au Québec», *La Patrie* (Montréal), 17 novembre 1968.

139 Rioux, *op. cit.,* p. 58.

Conclusion

Nous avons tenté de relater, dans ces quelques pages, de façon aussi complète que possible, l'évolution du burlesque au Québec et le fonctionnement de ses diverses composantes. Nous avons aussi examiné de quoi il était fait à un moment où l'on pouvait encore rencontrer les derniers grands légataires d'une tradition théâtrale peu commune et en voie de disparition. Au terme de nos recherches à travers le passé et le présent du burlesque, nous pouvons maintenant formuler un constat. Ce divertissement populaire fut, pendant près d'un demi-siècle, d'une étonnante vitalité.

Nous l'avons d'abord vu se détacher d'une tradition américaine, s'adapter ensuite au public de chez nous, se répandre à l'échelle du Québec, traverser la crise économique au moment où il atteignait sa plus grande ampleur et, finalement, décliner avec l'avènement des cabarets et de la télévision, mais éprouver aussi un dernier regain de vie au *Théâtre des Variétés,* avant de s'éteindre, on le craint, avec la disparition de ceux qui l'ont vu naître. Nous nous sommes arrêté également dans les principaux lieux où il fut à l'affiche, comme au *National,* et au *Radio-Cité,* en évoquant chaque fois les noms de ceux et de celles qui y étaient associés, en l'occurrence, ceux de Rose Ouellette «La Poune» et de Jean Grimaldi.

Nous avons, d'autre part, observé ses composantes essentielles, ce qui nous a permis de mieux comprendre comment fonctionnait le spectacle, quelles en étaient les articulations fondamentales, qui en étaient les principaux artisans, comment ils et elles avaient été initiés et avaient acquis les rudiments de leur art et de percevoir, enfin, quelles étaient les origines du répertoire présenté et de quel type de répertoire il s'agissait.

> Une seule conclusion claire s'impose: le public des années 40 (et celui du théâtre burlesque en général, peu importe la décennie) a préféré au «grand» répertoire, perçu comme le véhicule d'une langue et d'une culture étrangère, la saveur et la spontanéité de ses mots de tous les jours, comme s'ils s'identifiaient plus volontiers aux Baptiste et Catherine de son terroir qu'à tous les comptes, bourgeois et femmes du grand monde![1]

Ces propos de Jean-Cléo Godin, sur le «petit» et le «grand» répertoire, posent une fois de plus l'évidence de la dichotomie entre théâtre populaire et théâtre savant et, par conséquent, réfèrent de façon implicite aux deux types de public recrutés par chacun de ces genres de spectacles. Il y a un public qui va au théâtre populaire parce qu'il préfère, et de loin, le divertissement à l'éducation[2]. Celui-ci demande qu'on lui présente des personnages d'ici, parlant le langage de son milieu. Puis, il y en a un autre qui va ailleurs, là où on joue le répertoire «plus culturel» du théâtre savant.

L'intérêt des spécialistes en études théâtrales s'est presque toujours porté, comme celui de ces derniers spectateurs, sur ce théâtre savant qu'il soit institutionnel ou expérimental. Dans les cegeps et les universités, on étudie le «grand» théâtre. Par contre on parle peu du théâtre populaire. On le connaît mal d'abord, pour l'avoir longtemps ignoré, comme le rappelle le Théâtre Euh!:

> Le théâtre populaire existait avant le T.N.M.
> C'était un théâtre immensément populaire, fait
> dans notre langue. C'était un théâtre que l'on
> n'écrivait pas. C'était des improvisateurs. On ne
> sait presque rien d'eux, parce que les intellectuels
> crachaient dessus en attendant le Théâtre français.[3]

Le burlesque, en effet, fut rarement retenu comme objet d'étude. Il était plutôt associé par les critiques et les historiens — ou du moins le fut-il très souvent jusqu'à aujourd'hui — à un genre mineur de la pratique théâtrale québécoise[4]. Certains s'attaquèrent à la récurrence des thèmes abordés dans ces pièces (la demande en mariage et les malheurs du ménage, notamment), d'aucuns critiquèrent le recours à des sujets tabous garants du succès de ces représentations (comme la sexualité, par exemple), ou d'autres encore invoquèrent la qualité artistique douteuse de ces productions refusant ainsi, pour reprendre l'expression de Pierre Bourdieu[5], la légitimation de ces biens symboliques consommés par un public souvent qualifié de «moyen». Certes, les «burlesquers» ont traité de sujets jugés vulgaires en vertu des usages admis et des valeurs consacrées par la société québécoise de l'époque. Ils l'ont fait, par surcroît, dans une langue qui a donné des sueurs froides à plus d'un détenteur de la culture savante ou dominante qui y appréhendait le danger possible d'une éventuelle régression du «bon» parler français. Mais, somme toute, ces comédies en joual ne présageaient-elles pas les Tremblay ou Barbeau qui se sont chargés à leur tour, quelques trente ans plus tard et avec le même «instrument», de «'maganer' la culture»[6].

Le burlesque, s'il n'a donc pas été agrégé par la «grande» culture, n'a pas pour autant été accueilli dans le champ de la culture populaire paysanne. Son étude ne semblait pas non plus relever du domaine des folkloristes qui se consacrent plutôt à l'analyse des formes ancestrales ou, en tout cas, rurales. Caractérisé par l'urbain et l'actuel, le burlesque demeure exclus de ce système hiérarchisé. Il se situe entre ces deux pôles... là précisément où, craignant un danger pour le goût, une déchéance pour la Culture (encore une fois!), on feint d'ignorer ce qui s'y trouve. Pourquoi? Vraisemblablement parce qu'il fait partie de ce qu'on pourrait appeler le «patrimoine gênant»... comme si on y avait pressenti une tradition artistique honteuse, à censurer parce qu'en étroit contact avec un peuple moins idéalisé.

Pourtant, dans toutes les traditions théâtrales, qu'on songe au théâtre de foire ou à la commedia dell'arte, il se trouve des spectacles où la langue utilisée, l'action représentée et le sens de l'improvisation sont essentiellement conditionnés par les réactions du public, par les attentes «du monde» qui assiste massivement à des représentations au succès assuré. Si on considère, par ailleurs, comme Guy Dumur, que la commedia dell'arte «est devenue l'une des composantes du grand théâtre européen» et qu'elle a su diffuser «un esprit et une technique» dont ont bénéficié des hommes de théâtre comme Shakespeare et Molière[7], l'expérience savante gagnerait peut-être aujourd'hui à se réchauffer un peu au contact de formes et d'inspirations populaires comme, du reste, ont commencé à le faire certains metteurs en scène et certains comédiens et comédiennes.

Le burlesque, bien qu'il soit resté un phénomène trop longtemps négligé à cause de son caractère hybride et en quelque sorte «impur», engendré par ses origines américaines et aussi par sa «structure en courtepointe»[8] — qui a emprunté ses formes: comédies, sketches et numéros de variétés, aux divers arts du spectacle — fait néanmoins partie de ce qu'on désigne sous le nom de patrimoine. Témoin d'une époque et d'une société, il est susceptible de nous informer, au même titre que toute autre manifestation culturelle signifiante, sur une tranche de notre histoire; car s'il a pu naître, se développer et prospérer ici, c'est sans doute parce qu'il répondait aux attentes d'un bon nombre de Québécois.

Notes

1 Jean-Cléo Godin, «Les gaietés montréalaises: sketches, revues», *Etudes françaises* 15½, Montréal, Les Presses de l'Université de Montréal, avril 1979, p. 151.

2 Une enquête sur *Les comportements culturels des Québécois* commandée par le ministère des Affaires culturelles à la firme C.R.O.P. montre que 45% des gens qui vont au théâtre le font pour se divertir, (1979).

3 Cité par Laurent Mailhot et Doris-Michel Montpetit *in Monologues québécois (1890-1980)*, p. 11.

4 Béraud, par exemple, consacre à «Tizoune, La Poune et consorts» une vingtaine de lignes qui ne sont pas précisément des plus élogieuses dans *350 ans de théâtre au Canada français*. John E. Hare dans son article «Le théâtre professionnel à Montréal de 1898 à 1937» (*in Le théâtre canadien-français: évolution, témoignages, bibliographie*) est un peu moins acerbe, mais il ne s'étend guère plus longuement sur le sujet. Aujourd'hui, par contre, les choses commencent à changer. Question de mode? Des chercheurs s'attardent à recueillir, diffuser, puis parfois commenter et analyser ces œuvres destinées à la consommation populaire. Qu'il nous suffise de penser à Jean-Cléo Godin qui signait, en avril 1979, dans *Etudes françaises,* un article sur «Les gaietés montréalaises: sketches, revues»; ou, encore, à Laurent Mailhot et Doris-Michel Montpetit qui publiaient en décembre 1980 un recueil intitulé *Monologues québécois 1890-1980* et dans lequel on peut lire quelques textes comiques «commis» pendant les «années folles». Il faut aussi mentionner les travaux de Pierre Pagé et de son équipe, sur un sujet connexe: *Le comique et l'humour à la radio québécoise,* qui ont apporté eux aussi, en cette matière, une contribution inestimable. Puis, il faut souligner enfin la publication des *Fridolinades,* même si Gratien Gélinas de défend bien «d'être de la même guerre» que les comédiens de burlesque.

5 Pierre Bourdieu, «Le marché des biens symboliques», *L'Année sociologique,* no 22, Paris, P.U.F., 1971, pp. 49-126.

6 L'expression est de Pierre Gobin. Elle est reprise par Jean-Cléo Godin dans «Les gaietés montréalaises...», *loc. cit.,* p. 150.

7 Guy Dumur, *Histoire des spectacles,* Paris, Gallimard, l'Encyclopédie de la pléiade, (1965), pp. 641-642. «La commedia dell'arte a créé un art théâtral, une organisation professionnelle moderne, (...) elle est devenue une des composantes du grand théâtre européen, elle a répandu un esprit et une technique dont profiteront des génies comme Shakespeare, Molière ou Lope de Vega.»

8 Godin, *loc. cit.,* p. 156.

Olivier Guimond fils. (Coll.: Jean Grimaldi)

Appendice A

Lexique

Ad lib.: jouer *ad lib.,* c'est-à-dire jouer en improvisant librement à partir d'un canevas sommaire.

Bit: sketch comique ou petite comédie, interprété par un nombre réduit d'acteurs, joué *ad lib.* Après avoir fixé le caractère des personnages, les comédiens s'entendent pour tracer un canevas rapide. On détermine ensuite le «punch» final, puis on improvise. La durée minimum d'un «bit» varie entre deux et cinq minutes, tandis que sa durée maximale peut atteindre quinze minutes. Les «bits» furent parfois joués en avant du rideau pour permettre un changement de décor. Plusieurs d'entre eux sont de provenance américaine.

Burlesque: les spectacles de burlesque québécois se divisaient généralement en deux parties. La première comprenait une série de numéros de variétés, dont les traditionnels «bits», tandis que la comédie ou grande comédie occupait à elle seule toute la deuxième partie de la représentation. C'est précisément sur la description de ces spectacles de burlesque, tels que les a connus le Québec, que porte le deuxième chapitre de la présente étude.

Burlesquer: comédien jouant du théâtre burlesque.

Chorus girl: artiste féminin qui chante et danse en groupe durant le spectacle.

Comédie (la): pièce comique d'une certaine ampleur, grande comédie. Sa durée est généralement d'une heure environ. Elle est toujours présentée en fin de programme. On l'appelle aussi, indistinctement, grande comédie. Les grandes comédies forment avec les «bits» ce qu'il est convenu d'appeler le répertoire du théâtre burlesque.

Comédie musicale: par opposition à la revue musicale, c'est une pièce à intrigue à laquelle des chansons sont ajoutées.

Comic (*le*): maître de la scène, par sa réplique facile, sa mimique et ses gestes exagérés, il polarise les rires de l'auditoire.

Dark: noir complet dans une salle de spectacle. On dit: terminer un «bit» par un «dark» sur le «punch» de la fin. C'est-à-dire terminer un court sketch, sur sa chute, en plongeant la salle dans le noir.

Full stage: toute la surface du plancher de la scène, toute la scène.

In two: place occupée par le deuxième numéro dans un spectacle de burlesque ou de variétés.

Mélodrame: pièce populaire sérieuse. Si ce qu'on annonçait comme «drame» au théâtre *National,* et qui était plutôt des mélodrames, était monnaie courante dans les années trente, il n'en fut pas de même au *Théâtre des Variétés.* On dit qu'un seul mélodrame y fut présenté et qu'à la fin de celui-ci le «comic» apparaissait pour intervenir en faveur du héros. Le «mélo» dont on parle ici avait pour titre *Vieillir c'est souffrir.* Jean Grimaldi affirme en être l'auteur.

Misfit (*le*): habit beaucoup trop grand porté en guise de costume de scène qui amplifie le ridicule du «comic». Le *Théâtre des Variétés* possède le «misfit» d'Olivier Guimond.

Ouverture musicale: petite comédie d'ouverture avec des chansons.

Punch: chute d'un sketch ou d'une comédie: blague, mot, phrase ou dénouement d'une situation qui déclenche le rire des spectateurs.

Revue musicale: appelée aussi revue. C'est une succession de tableaux avec chants et danses qui n'ont aucun lien les uns avec les autres. La revue musicale s'inscrit dans la continuité du genre burlesque, sans pour autant puiser dans son répertoire.

Show-girls: filles de grande taille engagées pour se pavaner sur scène, qui faisaient de petites formations en marchant. Si elles ne dansaient pas, elles pouvaient parfois chanter en chœur. Elles étaient, disait-on, remarquées pour les élégants chapeaux et les ravissantes toilettes qu'elles portaient.

Straight (*le*): le partenaire du «comic», son faire-valoir.

Variétés: un spectacle de variétés comprend divers numéros, des attractions variées (magicien, acrobate, chanteur, instrumentiste, danseur, prestidigitateur, etc.).

Appendice B

*Liste des noms de scène adoptés
par quelques comédiens de burlesque.*

Beaumond, Al — Bozo

Béland, Réal — Personnality Kid
(en début de carrière)
et Ti-Gus

Burns, Teddy — Googles

D'Argère, Juliette — Caroline

Guilbert, Omer — Macaroni

Guimond, Olivier — Tizoune ou Ti-Zoune
(père et fils)

Guimond, Olivier (fils) — Exhaust (en début de
carrière) et Tizoune

Martel, Eugène — Joseph

Ouellette, Rose — Casserole (en début de
carrière) et La Poune

Perreault, Jeannette — Manda Parent

Plourde, Ernest — Trouspet

Rosenberg, ? — Pizzy-Wizzy

Ross, Charlie — Pic-Pic

Saint-Charles, Alexis — Balloune

Shaw, Paddy — Swifty

Valade, Oscar — Passe-Partout

Valcourt, Pierre — Ti-Zef

Appendice C

Catalogue de Billy Glason

PRICE-LIST «FUN-MASTER»
PROFESSIONAL COMEDY ITEMS
CONTENTS OF ALL «FUN-MASTER»
ITEMS ARE DIFFERENT FROM EACH OTHER

(1) **"THE COMEDIAN"**
The only real PROFESSIONAL monthly as we originally created it over 30 yrs ago, during which time we have serviced the WORLD OF STARS!

NOW IN ITS_____issue

$65 pr yr (12 monthly issues) plus $8.00 postage
NO SINGLE ISSUE SOLD
2 issues for $20
6 mos. subscription $35 plus $4.00 postage
BACK ISSUES AVAILABLE $65 pr lot of 12.

(2) **"FUN-MASTER GAG FILES"**
35 all-different scripts. Wide variety1
TREMENDOUS LOT $100

(3) **"THE ANNIVERSARY ISSUE"**
125 pages of different items stories, 1-liners, monologs, etc.
$30 pr copy

(4) **"HOW TO MASTER THE CEREMONIES"**
(The art of successful MCing) An over-all picture of how to handle shows & audiences.
ALL THE TRICKS!
ALL THE TECHNIQUES!
$10 per copy

(7) 5 Vols: **"BOOK OF BLACKOUTS"**
Each volume different! Comedy BLACKOUTS! SKITS! BITS! SKETCHES! VIGNETTES! A terrific variety as done in BURLESQUE & MUSICAL COMEDY
Ideal for TV, RADIO, NIGHT CLUBS, REVUES! For embellishment, use "THE COMEDIAN", "THE ANNIVERSARY ISSUE" and the 35 FUN-MASTER GAG FILES in conjunction with the BLACKOUT BOOKS! Vols. 1, 2 and 3
$50 per vol. Vol. 4 $80, Vol. 5 for $75. All 5 vols. $300.00

(8) **"THE BLUE BOOK"**
(GAGS FOR STAGS)
Most of the contents can be used for Night Clubs and also cleaned up a bit for TV. 2 different vols. We tell it as it is, NO PUNCHES PULLED! Both vols. $200 for set!

(9) **"PEDRO" COLLECTION.**
Gags and routines with a "SPANEESH" flavor. Can also be utilized for other routines, dialects and situations. As originally done on the Judy Canova show between MEL BLANC and herself. Price: $35. "You weel luv thees, I teenk! Si? Si!"

(5) "HUMOR-DOR FOR EMCEES AND COMEDIANS"
A somewhat classified volume of surefire comedy items for MC's Comedians, Writers, Speakers. TERRIFIC COMPILATION: $350.00

(6)   3 BOOKS OF PARODIES!
On standard songs. Over 30 items! $10 per book — all 3 Bks for $25

(10)   BILLY CLASON'S "COMEDY LECTURE BOOK!"
A million dollar lesson in the art of GAG CONSTRUCTION, ROUTINING & STANDUP DELIVERY, etc. plus hundreds of all different example gags. SHOULD BE PURCHASED WITH THE "HOW TO MASTER THE CEREMONIES" booklet. A great buy for $350.00 Only a limited amount of these books are available. FIRST COME, FIRST SERVED! They will not be reissued, but will be retained only for students.

SPECIAL! SPECIAL! SPECIAL! SPECIAL! SPECIAL! SPECIAL!
30 Vols. — "GIANT ENCYCLOPEDIA OF CLASSIFIED GAGS" 30 Vols. $1500. Fully Classified from A to Z — ALL SUBJECTS! NOTHING LIKE IT! A REAL PLEASURE-CHEST. NOT MANY RELEASED! A PRETTY EXCLUSIVE ITEM! A $5,000 value for only $1500.00 F.O.B. NEW YORK

TOOK 10½ YEARS TO ASSEMBLE, REWRITE AND CLASSIFY!
Only a few sets available. Once they're gone, NO MORE! If you're in the comedy field in any branch whatsoever, this is a MUST for your comedy library! Ideal for comedians! Terrific for writers! Dynamite for Speakers! A Goldmine for Producers! The last word for Program Directors and Disc-Jockeys!

NO C.O.D.'S! NO REFUNDS! NO EXCHANGES! NO SAMPLES! NO RETURNS!
NO SAMPLES! ALL SALES PREPAID AND FINAL! NO CHARGE ACCOUNTS!
FOR FAST SERVICE USE AIR MAIL AND SPECIAL DELIVERY POSTAGE,
ESPECIALLY OVER WEEKENDS AND HOLIDAYS! WE ARE ALWAYS OPEN.
WE LIVE HERE!

Appendice D

Tizoune c'est le coq

Programme du théâtre *National,* semaine du 5 janvier 1930,[1] annonçant la comédie de Damasse Dubuisson: *Tizoune c'est le coq,* jouée au théâtre *National* durant cette semaine. Guimond père en était la vedette avec Juliette Béliveau. Le texte de Dubuisson fait suite au programme.

Bibliothèque Nationale du Québec, Fonds Edouard-Gabriel Rinfret.

---

[1] Il y eut vraisemblablement une erreur d'impression sur les trois premiers programmes de l'année 1930, c'est-à-dire sur ceux des semaines du 5, 12 et 19 janvier, sur lesquels on lit 1929 plutôt que 1930 car à compter de la semaine du 26 janvier, on lit bien 1930 et non plus 1929.

TIZOUNE C'EST LE COQ

(Comédie en un acte par Damase Dubuisson jouée
au Théâtre *National*)
6 janvier 1930

Tizoune	Ouvrier peintre
Hector	Fils à papa
Fatty	Bourgeois
Blanche	Madame Fatty
Juliette	Servante
Alice	Voisine

Salon bourgeois, quatre portes, cheminée,
table, chaise, fauteuil.

SCENE I

JULIETTE — (Epoussette) Pourvu que ça ne fasse pas
comme hier, j'aime ben ça la noirceur mais pas quand je
suis toute seule. J'attends Tizoune mon cavalier, ça c'est
le coq des peintres du quartier, c'est lui qui vous
barbouille ça un plafond, ça y prend pas goût de tinette.
(Pas dans la coulisse). J'gage que c'est lui... ah! comme
mon p'tit cœur bat!... (Regarde au fond). Ben je me suis
trompée, c'est la fille de la voisine.
ALICE — Bonjour Juliette... c'est encore moé, vous êtes
seule?
JULIETTE — Avez vous un secret à me dire?
ALICE — Ben, vous savez pour ce qui est de l'amour,
c'est pas tentatif... figurez-vous donc que votre
bourgeois M. Fatty y me fait de l'œil quand y passe dans
l'escalier.
JULIETTE — Non?... Voyez-vous ça, ben mon vieux
crapeau c'est bon à savoir... si Madame Fatty savait ça,
j'pense qu'a y ferait passer un mauvais quart d'heure.

ALICE — Ça serait ben bon pour lui le vieux velimeux!... Quand on pense que pas plus tard qu'hier y s'est ben permis de me pincer la taille, et pis à matin y voulait m'embrasser de force.

JULIETTE — Pourquoi que vous vous êtes pas laissée faire... c'est si bon de se faire embrasser par un homme!

ALICE — Qui, quand y ont vingt ans mais pas par un vieux mari grigou et jaloux comme M. Fatty. Tenez, comme j'allais pour crier il m'a suppliée de ne rien dire et il m'a donné vingt-cinq piastres pour que je garde cela secret. C'est tentant!

JULIETTE — Qui ça?... M. Fatty?

ALICE — Non, pas lui... le vingt-cinq piastres... mais vous ne direz rien à personne.

JULIETTE — C'est correct... ben à c't'heure, si y marche pas à mon goût, c'est moé qui va le faire marcher. Ça va donner anne chance à Madame Fatty de y jouer ça.

ALICE — Ecoutez donc Juliette, dites jamais que c'est moé qui vous a dit ça.

JULIETTE — Y a pas de danger... Ecoutez-donc Alice, connaissez-vous Tizoune?

ALICE — Tizoune! Ben oui, tout le monde le connaît... c'est le coq des peintres dans le quartier.

JULIETTE — Ben en vous en allant si vous le voyez, dites y donc que je l'attends toujours pour blanchir la chambre de bain.

ALICE — Ben sûr, j'ai des commissions à faire, si je le vois j'vas y dire. (Elle sort).

JULIETTE — Merci ben, oubliez pas, j'ai hâte de le voir... Tizoune, y a pas à dire que je l'aime donc!... Quand je le vois, je sais pas... ça me met tout à l'envers!...

SCENE II

TIZOUNE — (Entrant). Tu m'as fait demander, me v'là.

JULIETTE — Te voilà... tant mieux. (Lumière s'éteint).

Aie... pas de farce!... Tourne la «switch».

TIZOUNE — (Cherche en courant après Juliette). Je ne trouve rien.

JULIETTE — Tu ne cherches pas à la bonne place.

TIZOUNE — Ben oui... j'ai la switch!... (Attrape Juliette).

JULIETTE — C'est pas la switch, c'est moé.

TIZOUNE — Embrasse-moé avant que la lumière revienne. (Embrasse). Ah! que c'est bon!!!.. un autre bec!

JULIETTE — Non, non,... ambitionne pas. (Lumière). Bon on est mieux à la lumière, comme ça, on peut parler d'amour, mais fais ben attention car si Mme Fatty savait que t'es mon amoureux, elle me mettrait à la porte. Les amoureux, elle, ça l'énerve!

TIZOUNE — Ça t'énarve pas toé hein?... J'aime mieux ça. (Il lui pince la taille).

JULIETTE — Voyons, voyons... Tizoune!... ma réputation est exposée!...

TIZOUNE — Tu peux me la confier, y a pas de danger que je la parde. (Il l'embrasse). Tu me verras pas aussi souvent à c't'heure.

JULIETTE — Pourquoi ça?

TIZOUNE — J'ai perdu ma place.

JULIETTE — T'as perdu ta job?...

TIZOUNE — Tu sais hier, dans la salle de bain tu m'as retardé, j'ai arrivé en retard à la boutique, le bourgeois y m'a disputé, pis j'y ai dit d'aller sus l'yable et y m'a sacré dehors en me disant que des peintres comme moé y en n'avait pas besoin... pas de peintres de l'union y n'en veut plus, y préfère engager des scabs pour payer meilleur marché.

JULIETTE — Mais, comment que ça se fait que tu es venu?

TIZOUNE — J'étais à la porte de la boutique pour voir qui c'est qui était pour me remplacer. J'ai vu venir manzelle Alice qui m'a dit que tu me demandais, tu comprends qu'a me l'a pas dit deux fois. Quiens

embrasse-moé encore! (Embrasse). Ah! que j't'aime!...
quand est-ce que tu m'emmèneras dans ta chambre?

JULIETTE — T'es donc ben pressé?

TIZOUNE — Tu l'as dit... Ah!!!

JULIETTE — C'est dangereux te recevoir dans ma
chambre.

TIZOUNE — Puisqu'on est pour se marier.

JULIETTE — Oui, oui... j'connais ça, on promet ça
avant, et puis après, va te promener... pas d'mariage.
Non, non...

TIZOUNE — J'ferai pas ça, je te le jure!

JULIETTE — Pas à c't'heure, c'est trop risqué...
contente-toé de m'embrasser.

TIZOUNE — Qu'importe... c'est toujours un acompte.
(Embrasse).

JULIETTE — Assez!!! Ambitionne pas.

BLANCHE — (Au dehors). Juliette! Juliette?...

JULIETTE — Attention... la bourgeoise qui m'appelle...
va-t'en.

TIZOUNE — Tu m'envoyes?

JULIETTE — Tu voudrais pas que madame te poigne
icitte.

TIZOUNE — C'est vrai, quand est-ce que je pourrai
revenir?

JULIETTE — Ben, reviens à dix heures. Sauve-toé, v'là
la bourgeoise.

TIZOUNE — Au revoir, à dix heures!... Certain? (Sort).

JULIETTE — Il était temps!

SCENE III

BLANCHE — (Entrant). Juliette, vous n'entendez pas
quand je vous appelle!

JULIETTE — J'étais occupée Madame... j'ai une lettre
pour Madame.

BLANCHE — C'est bien... donnez, et préparez ma robe
de soirée, nous sortons ce soir.

JULIETTE — Oui madame... Tant mieux, Tizoune

pourra me perler d'amour tant qu'il voudra. (Sort chambre à gauche).

BLANCHE — (Regardant la lettre). Oui je sais, c'est encore ce monsieur que j'ai rencontré dans l'autobus quatre à cinq fois, il est très poli, il m'a donné sa place, il est charmant, il veut devenir mon amant... que dois-je faire?... il est bien mieux que mon mari... que faire?

SCENE IV

FATTY — (Entre furieux en bretelles). Sais-tu où sont mes poignets blancs?

BLANCHE — Oh! mon mari!... (Cache la lettre). A-t-il l'air assez bête!...

FATTY — (A part). Elle a caché quelque chose. (Haut). M'as-tu entendu?...

BLANCHE — Mais oui, cherche dans la commode de monsieur, y sont là.

FATTY — Tu ne viens pas t'habiller?

BLANCHE — Non, j'ai mal à la tête... tu iras seul à cette soirée.

FATTY — C'est bon... si je pouvais avoir la lettre qu'elle a cachée. T'as mal à la tête?...

BLANCHE — Mon souper me fatigue, j'ai prévenu Juliette de ne pas préparer ma robe pour ce soir.

JULIETTE — (Entrant). La robe de Madame est prête.

BLANCHE — Imbécile!.. mais je ne vous ai rien demandé.

JULIETTE — Mais pourtant, Madame!...

FATTY — Au lieu d'avoir l'air bête comme ça, allez me chercher un taxi.

JULIETTE — C'est toé qui va l'avoir l'air bête si je parle.

FATTY — Qu'est-ce que vous dites?

JULIETTE — Rien, monsieur... Laisse faire toé, tu vas me payer ça.

SCENE V

ALICE — (Entrant). Manzelle Juliette, vous avez demandé... à la grocerie, tenez la v'là.

JULIETTE — Je vous remercie Manzelle Alice, voulez-vous téléphoner pour un taxi pour Monsieur Fatty?

ALICE — Tout de suite. (Elle sort).

FATTY — Pour avoir la lettre, j'ai mon idée... Renversez ça sur la robe de ma femme.

JULIETTE — Etes-vous fou?...

FATTY — J'vas vous donner anne piastre.

JULIETTE — Pour anne piastre... Ben certain! (Renverse la burette). Oh! excusez, je ne l'ai pas fait exprès!...

BLANCHE — Me voilà propre, maintenant!

FATTY — Faites donc attention Juliette, donnez l'autre peignoir à ma femme. Tu vas te changer, sans ça tu te graisserais. (A part). Comme ça je vais avoir la lettre.

JULIETTE — Voilà, Madame. (Jeu de scène, changement).

BLANCHE — Qu'est-ce que j'ai fait de ma lettre... ah! bon je l'ai... Tant mieux.

FATTY — Moé itou, je l'ai.

BLANCHE — Je m'en vais dans ma chambre, suivez-moi Juliette.

JULIETTE — On suit Madame. Si elle pouvait y faire porter des cornes, ça serait bon pour lui. (Elle suit Blanche).

SCENE VI

Deux lettres.

FATTY — (Seul lisant la lettre). J'en étais sûr, anne déclération d'amour, ma femme veut me tromper avec Hector, mais j'ai mon idée, j'vas tâcher de les poigner. (Va pour sortir). J'vais faire semblant d'aller veiller chez des amis, mais j'ai mon idée, je vais les watcher.

JULIETTE — Monsieur, v'là vos manchettes.

FATTY — Donne-moé ça, je vais aller m'habiller, mais n'oubliez pas ma fille que je vois clair, on ne me jouera pas comme veut. «Sufisit». (Sort.)

SCENE VII

JULIETTE — Quoi! Sufisit?... Qu'est-ce qu'il veut dire avec son fusil? Y se douterait t'y de quelque chose, y m'a vu avec Tizoune, y m'empêchera pas de le revoir. (On sonne). Ah!, je sais qui est-ce que c'est, c'est le pâtissier d'à côté qui vient nous porter nos gâteaux pour demain. (Sort).

SCENE VIII

BLANCHE — J'aime mieux que mon mari s'habille seul... il a un drôle d'air, si il peut partir le plus vite possible, je serai plus tranquille.

JULIETTE — (Introduisant Hector). Venez par icitte avec vos gâteaux... Madame c'est le pâtissier d'à côté qui vient porter ses gâteaux pour demain, je lui avais demandé de nous les envoyer ce soir. Par ici, venez. (Hector entre en pâtissier et Juliette sort).

SCENE IX

BLANCHE — Eh! bien, qu'est-ce que vous faites là?

HECTOR — (Fait semblant de retourner, écoute aux portes et tombe à genoux). Je t'aime!... sois à moi, nom d'un petit four!

BLANCHE — Oh mon Dieu!... qu'est-ce que c'est que ça?...

HECTOR — C'est moi Hector, un cœur qui t'adore!...

BLANCHE — Comment... c'est vous Hector... en pâtissier!.....

HECTOR — C'était pour m'approcher de vous de plus près.

BLANCHE — Mais, mon mari qui n'est pas parti!

HECTOR — Je le sais, mais il ne me reconnaîtra pas.

BLANCHE — Que venez-vous faire?...

HECTOR — Vous dire que je vous adore!... je vous veux, dites-moi à quelle heure vous rencontrer.

BLANCHE — Vraiment!..

HECTOR — J'en ai assez des dimi-mondaines... c'est vous que je désire!

BLANCHE — Je suis sûre que vous dites cela à toutes les femmes que vous rencontrez.

HECTOR — Ah! non je vous le jure... ah! si vous saviez qu'avant de vous connaître je ne connaissais pas l'amour sincère, mais quand j'ai rencontré vos beaux yeux... ils m'ont tourné la tête... je vous veux! je vous veux!... je suis un volcan en éruption!...

BLANCHE — Prenez garde de prendre en feu.

HECTOR — Oh! oui... femme incandescente qui fera mon bonheur.

BLANCHE — Eh! bien... puisqu'il le faut... je cède!... je ne résiste plus!

HECTOR — Oh! femme voluptueuse!!... tu me rends fou de joie!

FATTY — (Au dehors). Blanche, mon pardessus.

BLANCHE — Mon mari!... Ah! mon Dieu!... Qu'allai-je faire?... Sauvez-vous par pitié, sauvez-vous!....

HECTOR — Me sauver?... pas avant de vous avoir embrassée et de m'avoir donné l'espoir de vous revoir.

BLANCHE — M'aimez-vous réellement?...

HECTOR — Comment vous le prouver?...

BLANCHE — Partez, d'abord.

HECTOR — Vous quitter... vous perdre, ne plus vous revoir, je partirai quand vous m'aurez dit où vous revoir.

FATTY — Ah! non par exemple... où est-il?...

BLANCHE — Voici mon mari... tenez Hector, revenez si vous le pouvez quand mon mari sera sorti, mais pas en pâtissier, c'est trop farineux.

HECTOR — A tantôt... Astre de mes jours!... (Il va sortir avec son panier et rencontre Fatty).

SCENE X

FATTY — Bon, me v'là propre... l'animal... me v'là plein de farine. Qu'est-ce qu'il fait ici ce boulanger?

BLANCHE — Tu le demanderas à Juliette, j'en sais rien... Qu'est-ce que tu as à crier tout l'temps pour rien?...

FATTY — D'abord, je ne crie pas, je soupire seulement, je ne crie jamais, je suis un homme calme, placide... Comme ça, c'est bien décidé, tu ne viens pas veiller avec moi?

BLANCHE — Mon pauvre ami, je regrette, mais j'ai trop mal à la tête.

FATTY — Oui, oui... je comprends ça.

BLANCHE — Comment, tu comprends ça?... Que voulez-vous dire, monsieur mon mari?...

FATTY — Moi?... Rien... Allons, au revoir ma chère femme, soignez-vous bien. Pauvre chérie, qui va rester seule à s'ennuyer.

BLANCHE — Ne te gêne pas pour t'amuser pour moi.

FATTY — Je te remercie... Au revoir. (Remonte).

BLANCHE — Vas-tu rentrer tard?

FATTY — Je ne pense pas, entre quatre et six heures... peut-être. Allons au revoir. Méfie-toi des pâtissiers.

SCENE XI

BLANCHE — Des pâtissiers?... Est-ce qu'il se doute de quelque chose?... Pauvre Fatty, il m'aime bien, mais d'un amour tranquille, et dire que moi qui a un tempérament si nerveux, ce n'est pas toujours gai un homme de glace! Mais j'y pense, tromper ce pauvre Fatty, c'est mal... Que faire! M. Hector est très bien!... Ah! ma mère inspirez-moi! Il faut que je prenne une décision, résister... oui, oui, oui, c'est ça. (Appelle). Juliette!

JULIETTE — Madame m'a appelée?...

BLANCHE — Si quelqu'un venait me demander, dites que je ne suis pas là, j'ai mal à la tête et veux me reposer.

JULIETTE — Très bien Madame. (A part). Ça, ça fait mon affaire. (Haut). Madame va se coucher!

BLANCHE — Oui, Juliette.

JULIETTE — Ça sera jamais assez vite, j'ai hâte!

BLANCHE — Enfin, je suis tranquille, Hector ne parviendra pas jusqu'à moi. (Nuit, éteint la lumière).

SCENE XII

Nuit

TIZOUNE — (Nuit, et un peu chaud, seul). Avant de partir, j'ai voulu revoir Juliette, j'ai rencontré les amis, je leur ai payé deux douzaines de bière, j'ai pas eu le temps de changer d'habit, y fait ben noir icitte... si je trouvais des allumettes... Quoique est-ce que c'est ça, anne pompe à odeur. (Il la prend). Oui, ben je vas sentir bon après ce temps icitte. (Il se parfume). J'pense que Juliette va trouver que Tizoune sent bon.

SCENE XIII

BLANCHE — (Entrant avec bougie allumée). C'est drôle on dirait qu'on a parlé. (Eteint la chandelle). Ben plus de lumière! (Nuit).

TIZOUNE — Bon v'là la bourgeoise, j'sus poigné... Ayez pas peur, c'est moi!

BLANCHE — (A part). C'est lui, Hector! Déjà! (Haut). C'est vous?

TIZOUNE — (Bas). Oui, c'est moi.

BLANCHE — Par où êtes-vous entré?

TIZOUNE — Par la porte, elle n'était pas barrée.

BLANCHE — Comme il m'aime! (Lui prenant les mains). Ah! ça, c'est gentil par exemple.

TIZOUNE — Qu'est-ce qu'a dit?...

BLANCHE — Comme il sent bon!... il embaume... C'est très bien, le même parfum que moi.

TIZOUNE — (A part). Ça c'est raide la bourgeoise qui est stockée sus moé.

BLANCHE — On ne restera pas ici, je vais revenir vous chercher, je vais aller voir si la servante est dans sa chambre. (Tendrement). Quel est votre petit nom?

TIZOUNE — Tizoune!

BLANCHE — Eh! Tizoune... je t'aime! (Elle l'embrasse et sort).

TIZOUNE — (L'air bête). Ah! ben viande, c'est Juliette qu'a pas de chance... son mari aussi n'a pas de chance... non mais qui est-ce qui m'aurait dit que la bourgeoise m'aimait, j'en reviens pas.

SCENE XIV

FATTY — (La nuit). Personne. Ah! je vais les poigner, y sont peut-être enfermés dans la chambre. (Allume, allumette s'éteint).

TIZOUNE — Oh! le mari, ousque je vais me cacher. (Il monte debout sur la table).

FATTY — (Allumant allumette). Ousque est la chandelle... je me rappelle, sur la table. (Jeu de scène avec allumette). Hein! un pied!... deux pieds... anne jambe... deux jambes!... y doit y avoir un corps. (Regardant). Qu'est-ce que vous attendez sus la table?

TIZOUNE — J'attends le Graft-Zeppelin.

FATTY — Sur ma table!...

TIZOUNE — Comment, sur votre table... tiens, c'est vrai, je me pensais en haut de mon escabeau, comme peintre j'ai l'habitude de grimper au plafond. Excusez-moi. (Va pour sortir).

FATTY — Arrêtez... y sent le parfum, ça doit être un séducteur... un faux peintre.

TIZOUNE — Qu'est-ce que vous avez à me regarder comme ça?...

FATTY — Comment t'appelles-tu?

TIZOUNE — Tizoune, de père en fils.

FATTY — Menteur, ah! tu penses m'embêter comme ça, t'es rien qu'un séducteur, pis je m'en vas te couper les oreilles.

TIZOUNE — Coupez rien... Y est fou le bonhomme.

FATTY — Tu vas me payer ça... c'est ta vie que je veux.

TIZOUNE — Pourquoi faire?...

FATTY — Pour venger un mari outragé!

TIZOUNE — Y est enragé le vieux, attend je vas te couper autre chose.

FATTY — Ousqu'est mon revolver?...

TIZOUNE — Tu vas le chercher, moé je décolle. (Nuit, souffle la chandelle).

FATTY — Tant mieux, y fait noir, j'vas te tuer à mon aise.

TIZOUNE — Ben... au revoir. (Il sort dans la chambre de Juliette).

SCENE XV

FATTY — Ah! voilà mon revolver. (Va pour tirer, tire aux pieds de Juliette). Tiens ma canaille!

JULIETTE — Y m'a fait peur l'animal! (Gifle Fatty).

FATTY — Aie!... aie!... j'en ai vu trente-six chandelles!

JULIETTE — Ah! c'est vous bourgeois!

FATTY — Où est-il, la canaille que je le coupe en morceaux!...

JULIETTE — De qui parlez-vous?...

FATTY — De qui?... d'un faux peintre que je viens de saisir icitte sur la table.

JULIETTE — C'est pas un faux peintre, c'est mon cavalier.

FATTY — T'es ben certaine?...

JULIETTE — Ben certaine... puisqu'on va se marier, y me l'a promis. Vous êtes revenu plus de bonne heure que vous le deviez. Ah! oui, j'pense que vous êtes jaloux!

FATTY — Ben, non, j'suis revenu chercher ma clef que j'avais oubliée, j'ai trouvé ce peintre sus la table, t'as pas besoin de dire à ma femme que je suis venu. Ecoute donc, Juliette, es-tu ben sûre que c'est ton cavalier?... Enfin bonsoir.

JULIETTE — Bonsoir Monsieur... Débarrasse vieux crocodile. (Elle sort).

SCENE XVI

HECTOR — (Nuit, en saloppette). Pour pouvoir arriver jusqu'à elle, je suis grimpé quatre à quatre l'escalier, quand tout à coup j'ai vu sortir son imbécile de mari... Avec ce changement de costume que j'ai acheté à un peintre de bâtiment je ne serai certainement pas soupçonné, mais comment faire pour la voir?.. (Il cherche à la porte).

SCENE XVII

TIZOUNE — (Rentre avec chandelle allumée). Le vin du bourgeois est bon, mais y fatigue un peu. Tiens un peintre.

HECTOR — Cet homme va me gêner.

TIZOUNE — Ecoute donc, je te reconnais toé... ben oui je te reconnais... ton nom c'est Gédéon, t'es rien qu'un scab, c'est toé qui a pris ma place à la shop, tu vas en manger anne pour avoir pris ma job.

HECTOR — Ah! non, je ne suis pas venu ici pour me battre, vous devez vous tromper.

TIZOUNE — Y a pas de danger, je ne me trompe pas.

HECTOR — Arrêtez, j'vais vous dire la vérité... je suis riche et je m'appelle Hector Dupont, propriétaire du grand hôtel.

TIZOUNE — C'est pas vrai, t'es un peintre comme moé, pis t'es un scab, tu vas en manger anne. (Poursuite, en passant Hector éteint la chandelle laissée par Tizoune). Ah! non par exemple.

TIZOUNE — (En poursuivant s'accroche dans les chaises, tombe et fait tomber la table). Y va me payer ça! Attend, si je l'attrappe.

BLANCHE — (A la porte de la chambre). Ah! c'est vous Hector... venez vite.

HECTOR — Sauvé!!!... (Sort avec Blanche).

TIZOUNE — (Cherchant toujours). Ousqu'il est fourré...
l'animal? (Rallume la chandelle). J'm'en va le trouver.

SCENE XVIII

FATTY — (En saloppette). J'ai acheté les overalls du
gardien, je m'en vais surveiller ce qui se passe ici.
Encore son cavalier, y est ben souvent icitte celui-là.
C'est-y ben son cavalier encore, y me joueront pas
facilement. Ce doit être un galant pour ma femme.

TIZOUNE — (A la porte où Hector est entré). Il est chez
la patronne. (Se retournant). Ben non, y est là... je sus
t'y bête un peu... Mais c'est pas lui c'est un autre
peintre, y a t'u anne assemblée de peintres icitte?

FATTY — Une assemblée, parce qu'on est deux peintres.

TIZOUNE — Pas rien que deux... on est trois.

FATTY — Trois?...

TIZOUNE — Ben trois! Qu'est-ce que tu viens faire icitte
toé?...

FATTY — Ben moé je viens pour ma fe... je viens et pis
vous?...

TIZOUNE — Occupe-toé pas de moé, mais de toé.

FATTY — Je viens pour ma fe... je viens finir anne job.

TIZOUNE — Je vas t'en faire anne job, tu viens pour me
remplacer. T'es un scab toé aussi.

FATTY — Un scab!

TIZOUNE — Oui, oui, un scab, tu travailles à meilleur
marché que moé, tu vas me payer ça.

FATTY — Ah! non, vous devez vous tromper.

TIZOUNE — Y a pas de danger. Je ne me trompe pas, pis
je vas te casser la mâchoire ça sera pas long. (Poursuite).
Tiens attrape ça... pis poigne celui-là.

FATTY — A moi... au secours!!!... on m'égorge!....

TIZOUNE — (Poigne Fatty). Y se sauvera pas je le
tiens...

SCENE XIX

JULIETTE — (Entrant). Avez-vous fini de faire du

tapage... comment, y se battent? (Elle les sépare).
Comment, c'est encore vous Mr. Fatty? (A Tizoune).
C'est le patron.

TIZOUNE — Le bourgeois... ça c'est drôle je ne l'avais pas reconnu.

FATTY — Oui, c'est moi le bourgeois, et vous, vous êtes l'amant de ma femme.

JULIETTE — Vous vous trompez Monsieur... c'est Tizoune mon cavalier.

TIZOUNE — Ben sûr... Ah! y a un troisième peintre icitte.

FATTY — Un troisième?...

TIZOUNE — V'là une heure que je vous le dis. (Il rit). La preuve c'est qu'il y a un homme qu'est renfermé dans la chambre avec votre femme.

JULIETTE — Imbécile!... veux-tu te taire...

FATTY — Dans la chambre de ma femme?...

TIZOUNE — Arrêtez. (Il arrête Fatty). Dérangez-les pas. (Lutte comique).

FATTY — Laissez-moi passer.

JULIETTE — Je vais faire sortir Madame... continue Tizoune, on va y jouer ça.

TIZOUNE — Envoye à ta force. (A Fatty). T'as voulu me tirer au revolver tout à l'heure, c'est à mon tour.

JULIETTE — (Fait sortir Blanche, traverse la scène au fond). Vite Madame, allez-vous en dans ma chambre, j'irai vous chercher.

BLANCHE — Merci ma fille... je l'ai échappé belle!...

SCENE XX

TIZOUNE — (Lâche Fatty). Black Bully, le vieux!....

FATTY — Sortez, entendez-vous?... sortez ou je fais feu par la serrure... (Hector sort).

TIZOUNE & JULIETTE — Ah! ça, c'est drôle.

TIZOUNE — Penses-tu qu'on y a joué ça?...

BLANCHE — (Sortant chambre de Juliette). Mais, voyons... quel est ce bruit?

FATTY — Hein?... ma femme... de l'autre côté!!!!

BLANCHE — Ah! te voilà, je t'attends depuis longtemps dans le boudoir.

FATTY — Dans le boudoir... et moi qui l'a soupçonnée, mais pourquoi tous ces peintres ici?

JULIETTE — Celui-là, c'est mon futur mari.

FATTY — Et celui-ci, c'est pas ton futur...

HECTOR — (A Tizoune). Cent piastres de cadeau, si tu me sauves.

TIZOUNE — J'appelle, cent piastres... Celui-là, c'est le futur mari de Melle Alice la servante d'à côté.

FATTY — C'est t'y vrai?

ALICE — Ben sûr. (A part). Vieux dinde!

TIZOUNE — C'est mon remplaçant, le bourgeois l'a envoyé à ma place... Sauve-toé à la boutique. (Donne un coup de pied).

HECTOR — Aie!... tu vas trop loin...

BLANCHE — Oubliez pas de venir finir votre ouvrage dans ma chambre.

FATTY — Dans ta chambre!!!

BLANCHE — Vous viendrez émailler ma salle de bain.

FATTY — Ça coûte trop cher, poupoule.

BLANCHE — Fatty, je le veux.

TOUS — Elle le veut.

FATTY — C'est entendu.

TIZOUNE — Ben mon vieux, tu seras cocu.

Appendice E

Beau et chaud

(Comédie transcrite par Chantal Hébert à partir d'un enregistrement réalisé au *Théâtre des Variétés,* sur disque Trans-Canada OG-57, et interprétée par Olivier Guimond et Yolande Circe.)

LUI — Seigneur, jamais j'croirai qu'y avait quequ'chose qui se passerait entre ma femme pis Paul Thériault.
ELLE — Ah! on fait rire de nous autres.
LUI — J'pense que oui moé.
ELLE — J'comprends y'é temps qu'on ouvre les yeux!
LUI — Mais y'a toute scrapé à partir de la rue...
ELLE — Ah! taisez-vous pour l'amour du saint ciel!
LUI — Le bulldozer de Valérie. Ah!... non! Mais y faut faire quequ'chose.
ELLE — Faut ouvrir les yeux. Ça pas de... Monsieur Guimond...
LUI — Oui.
ELLE — On se venge-tu?
LUI — C'est ça. Ah! s'y veulent rire de nous autres on va s'venger.
ELLE — On fas-tu quequ'chose de sale?
LUI — C'est ça, on va faire quequ'chose de sale.
ELLE — De ben sale.
LUI — De ben sale. Que c'est qu'on f'rait ben... quequ'chose de ben sale? Quequ'chose de ben sale, ben sale, ben sale. On va aller dans cours pis on va aller traîner dans la vase. Ça c'est trop sale. Ah! oui. Ah! que c'est qu'on f'rait ben donc... Ma femme avec Paul Thériault!
ELLE — Ah! pis mon mari... des poules pas d'plumes.
LUI — Avec des poules pas d'plumes. Moi quand j'pense

que ma femme s'est achetée une robe. Elle le savait qu'était pour sortir avec lui.

ELLE — En plus, elle se pomponne pour lui.

LUI — Pis a savait que j'tais pour refuser de...

ELLE — Ah! non. J's'rais ben curieuse de savoir ce qui a là-dedans.

LUI — Ben j'sais pas... y dise qu'y a d'l'esprit là-dedans.

ELLE — Ah! oui c'est peut-être ça qui nous manque.

LUI — Pensez-vous?

ELLE — Y'a d'la gaité aussi. Parce que quand mon Paulo r'vient tard dans la nuit... Y'en a pris hein?

LUI — Oui.

ELLE — Ah! pis y'a du plaisir, y rit aux éclats, y'a du fun. Ah! mon dieu! Pis lendemain matin c'est effrayant comme y'a l'air bête.

LUI — Arrêtez donc. Ouais, j'pense à ça... ma femme aussi des fois quand ça y arrive de temps en temps de prendre un verre... deux, trois verres... pis est gaie, a chante, est heureuse.

ELLE — Hein? vous voyez?

LUI — Pour se venger, on n'en prends-tu un?

ELLE — Pensez-vous?

LUI — Ben, vous en avez jamais pris?

ELLE — Jamais. Vous n'avez-vous déjà pris?

LUI — Moi non plus.

ELLE — Vous non plus.

LUI — Mais après toute on n'est pas plus fous qu'eux autres.

ELLE — Y rient à notre face.

LUI — Un p'tit?

ELLE — Rien qu'un p'tit hein!

LUI — Ah! Ah! Ah! ma femme avec Paul Thériault.

ELLE — Pis des poules pas d'plumes.

LUI — Ça vous fait rien de boire dans l'verre de votre mari? Y'a pas d'prunes dedans d'abord.

ELLE — Quand j'pense.

LUI — Ah! c'est comme ça. En tout cas j'vous dit Madame, on méritait pas ça. J'vous ai-tu oubliée? C'est la première fois que vous en prenez. Vous allez faire une bonne apprentie. Bon, ben. Oh! my! comment vous avez fait pour prendre ça d'un coup sec?

ELLE — Ben.

LUI — Vous avez un estomac de tôle galvanisée vous.

ELLE — Monsieur Guimond, vous l'croirez peut-être pas... vous l'croirez peut-être pas Monsieur Guimond, mais quand on s'est marié c'est moi qui lui ai prêté l'argent.

LUI — Arrêtez donc.

ELLE — Pensez-vous que c'est pas effrayant faire des affaires comme ça. J'méritais pas ça moi, monsieur Guimond.

LUI — Pauvre Madame Berval.

ELLE — Pis vous. Vous... pensez pas. J'vous vois tous les soirs arriver à la même heure tout de suite après la fermeture du bureau là. Vous apportez toujours un petit cadeau là à votre femme là.

LUI — Toujours...

ELLE — Des fleurs, du chocolat, des pinottes.

LUI — Ouais. Planters.

ELLE — Ah! pour elle tout c'qu'y a d'mieux!

LUI — Toutes les semaines, moé, chaque deux payes... Hein Madame, moé j'fais mon possible?

ELLE — Ben j'comprends. Vous lavez la vaisselle?

LUI — Ah! souvent.

ELLE — Ben vous êtes le meilleur des maris. Vous voyez c'qui vous arrive là.

LUI — Ouais.

ELLE — Vous non plus vous méritiez pas ça. Quand j'pense.

LUI — Paul Thériault... pis y vont aller danser... pis cherche, ça ferme à quelle heure ça?

ELLE — Ben, deux heures je suppose. Je ne le sais pas.

LUI — Pis y vont arriver à quatre cinq heures. Y vont arriver, pis bonjour ma tante. Pis... on n'en prends-tu un autre?

ELLE — Un p'tit.

LUI — Tant qu'à s'venger.

ELLE — On s'venge. Un p'tit.

LUI — Ah! non ça s'passera pas d'même certain. Elle va n'entendre parler.

ELLE — Ah! Monsieur Guimond.

LUI — Salut! Vous buvez plus vite que vous tricotez.

ELLE — Monsieur Guimond, depuis dix ans qu'on est marié. Depuis dix ans là que j'prends soin comme d'un p'tit bébé de c't'homme là.

LUI — Ah! pis y s'en vante par dessus l'marché, vous savez.

ELLE — J'comprends. Dix ans que j'lave ses chemises, ses bas, ses caniçons.

LUI — Ses caniçons... y doit avoir les caniçons usés madame.

ELLE — Dix ans que je l'frictionne quand y r'vient d'ses initiations.

LUI — Oui. Pis à part d'être frictionné avant d'être arrivé.

ELLE — Ben, j'pense que je l'frictionnerai plus.

LUI — Non.

ELLE — Monsieur Guimond, j'commence à voir plus clair.

LUI — Prenez un autre verre vous allez voir plus loin. Ah! savez-vous c'qu'y a dit avant d'partir. D'abord y dit... le grand Pontiac a dit... euh le grand Buick, le grand Continental... quelle marque que c'était donc? En tout cas, y m'a dit quequ'chose avant d'partir là. Pis y m'a dit j'sors avec une femme... Ah! oui, y m'donnait des conseils. Sors avec une femme, n'importe quelle. Mariée, pas mariée. Ça y fait pas de différence. Et pis euh... envoyez donc, envoyez donc.

ELLE — Salut!

LUI — Hein?

ELLE — Salut!

LUI — Non je m'en vas pas. Ah! oui, excusez... J'pense qu'on a monté la chaleur dans l'appartement. Avez-vous chaud vous?

ELLE — Ben y fait pas froid... Des plumes pas d'poules.

LUI — Des poules pas d'plumes... ça vous fait rien d'être avec un vieux coq?

ELLE — Savez-vous que c'est pas méchant.

LUI — Non, c'est pas pire.

ELLE — Coudons, j'vous r'garde là... savez-vous que vous êtes pas laid vous?

LUI — Vous pensez pas ça. Vous êtes mieux de r'mettre vos lunettes vous là.

ELLE — Oui, oui, j'vous r'garde là, pis vous avez un p'tit quequ'chose.

LUI — J'ai un p'tit quequ'chose?... non, non riez pas. Ah! Ah! J'ai un p'tit quequ'chose. Vous l'avez vu?... Ah! Ah! excusez-moi. Vous aussi vous avez un p'tit quequ'chose vous savez.

ELLE — Ouais.

LUI — Ah! c'est pas d'aujourd'hui que j'vous r'marque. Ah! non, non, non. A tous les vendredis, quand j'arrive de travailler, vous êtes toujours... ben, c'est votre journée de ménage, hein?

ELLE — Ouais.

LUI — Ben vous êtes toujours en train d'laver l'escalier en haut là. Je jette toujours un coup d'œil en passant. Quand j'pense à ça... vous avez pas toujours été blonde vous hein?... Envoyez, envoyez, on va s'venger. Excusez-moi, j'espère que vous avez pris ça en blague.

ELLE — Eille, j'savais pas... j'pensais jamais que vous étiez un gars drôle de même.

LUI — Non, j'suis pas drôle moi madame.

ELLE — Eille, monsieur Guimond, eille là j'ai l'goût d'm'amuser. J'ai envie d'rire. Eille, contez-moi une histoire drôle.

LUI — Ah! j'en sais pas.

ELLE — Envoyez donc... envoyez.

LUI — Non, j'suis pas un raconteu d'histoire. Non... Mais... on a un gars au bureau par exemple qui raconte des histoires à journée longue. Drôle ce gars là. Drôle pour mourir. Ben y est mort la semaine passée. Ben, si vous voulez, m'en va vous réciter une p'tite poésie.

ELLE — Envoyez donc, envoyez donc.

LUI — Hein. Ah! est bonne. Est bonne, est bonne. Ah! est solide vous savez.

ELLE — Ah! oui.

LUI — Ah! on va prendre ça avant. Une p'tite poésie.

ELLE — Une p'tite poésie.

LUI — Est forte. Est forte.

ELLE — Est forte.

LUI — Ah! Ah!

ELLE — Envoyez fort.

LUI — Marie... Ecoutez ben ça. Marie... J'commence à avoir la langue engourdie. Marie... Marie a été pour tirer les vaches et dans ses mains elle avait des chaussons. Et quand la vache a vu que c'est que Marie était pour faire, la vache a rentré ses cornichons.... Ah! es-tu bonne ou ben si est pas bonne?

ELLE — Ah! est bonne, est bonne, est bonne. Ah! est drôle.

LUI — En anglais, en anglais. (...) I have got a bulldog at home that looks just like you. Est bonne, hein?

ELLE — J'comprends pas l'anglais. Envoyez, envoyez, envoyez. Une devinette, une devinette.

LUI — Ah! oui. Connaissez-vous la différence entre une toast brûlée, un noyé puis une femme enceinte? Ah! est bonne. Est bonne.

ELLE — Je l'sais pas là.

LUI — Pas différence. Y ont toutt' été retirés trop tard... Ouais, envoyez pis après ça, on sort ensemble.

ELLE — Hein?

LUI — On sort ensemble. On s'en va danser. On va aller dans les discothèques. Dans des discothèques pas loin d'ici. On va aller chez A pipe à pépère.

ELLE — Hein, La pipe à pépère?

LUI — La pipe à pépère, la discothèque.

ELLE — Euh, où ça La pipe à pépère?

LUI — Dans blague à mémère... Ah! j'ai mal dans les côtes... J'en ai pas conté d'autres madame, eh!...

Qu'est-ce qu'a l'a à rire donc elle?

ELLE — Vous avez d'la visite.

LUI — D'là visite? Entrez donc.

ELLE — Votre frère vient d'arriver.

LUI — Mon frère est là?

ELLE — Y est assis à côté de vous, pis y vous r'semble comme deux gouttes d'eau.

LUI — T'nez, prenez un autre verre, vous allez rencontrer la balance de la famille.

ELLE — Eille, eille, Olivier. J'peux-tu vous appeler Olivier?

LUI — Oui, oui. Certainly.

ELLE — Eille, Olivier on fumes-tu?

LUI — Faut pas trop salir dans c't'affaire là.

ELLE — Hein?

LUI — Après toute ma femme a fume.

ELLE — Bah! mon mari aussi y fume.

LUI — A danse, pis a sort, pis on fume.

ELLE — On fume, on s'venge.

LUI — On va salir. On va salir comme y faut.

ELLE — OK. On fume. On fume.

LUI — J'ai pas d'cigarette par exemple. Bah! Attends une minute... ma femme... voyons... ma femme... m'a prendre... ma femme en a dans sa chambre, m'a aller en chercher un crapet, un croquet... m'a aller en chercher. Ça s'ra pas long, m'a r'venir dans une minute. Ça c'est la première fois que je me promène pis que ça me coûte pas une cenne... Oh! Oh!... Ça slaque les outils hein?... Mon doux, mon doux, mon doux... Vous êtes sûre de Plattsburgh avec ça. Gili Gili Gili... M'a aller chercher des cigarettes là. Ça s'ra pas long.

ELLE — Oui.

LUI — Bah! Comme ça vous... vous avez jamais... vous avez jamais fumé?

ELLE — Non, j'ai jamais fumé.

LUI — M'a vous... m'a vous... m'a vous montrer comment.

ELLE — Ouais.

LUI — Attendez un peu.

ELLE — Ah! on fume, on fume hein.

LUI — Bon, ben pour fumer, première leçon. Pour fumer d'abord faut ouvrir la bouche. C'est ça, rouvrez votre bouche. C'est pas les amygdales que vous avez là, c'est des grelots. Non, non! Vous êtes pas pour fumer un bat de baseball. Là, c'est juste pour... pas trop grand... juste su'l'boutte là. O.K. Attendez un peu là... voyons... Allô... excusez-moi... Allô (...)... Juste su'l'boutte là. C'est ça. Puis quand... Ben non, c'est pas pour le manger ça. Juste su'l'boutte. Pis quand le, quand le... quand vous... quand vous allumerez là, pompez... O.K. Attendez un peu. Bon, ben arrêtez de grouiller. Ayoi donc! J'me suis brûlé. On va l'avoir... Oubliez pas pompez. M'as vous tenir parce que là ça va faire. C'est ça, pompez. C'est ça, pompez. On l'a. Envoye c'est assez là. O.K. C'est assez là. On va être obligé d'appeler les pompiers là. Oh! Le grand «Raqim» a dit à quoi ça sert de gagner l'univers tililidi... lilidi... lilidi. Rira bien qui rira... qui rira bien. Faites pas ça madame. Faites pas ça. Je suis pas solide moi non plus là. Faites pas euk... euk... Ah! j'ai jamais été chaud!... En plein dans mes claques à part de ça.

Appendice F

Le juge

(Comédie transcrite par Chantal Hébert, à partir d'un enregistrement réalisé au *Théâtre des Variétés,* sur disque Trans-Canada OG-57).
Distribution: Olivier Guimond Le Juge
                  Denis Drouin   L'Avocat
                  Paul Berval   L'Avocat
                  Gilles Latulippe Maurice Phaneuf, l'accusé

PAUL — Oyez, oyez la cour est ouverte! Tout le monde debout, son Honneur le Juge.

OLIVIER — Bonjour Mesdames. Hé qu'ça va mal à matin. Otez-vous de d'là. Ça va mal. Bonjour maître Berval.

PAUL — Comment ça va?

OLIVIER — Ça marche pas aujourd'hui, toute m'arrive. Ça marche pas. Mon char part pas. Ma femme part pus. Bonjour maître Berval. Bonjour maître... vous êtes nouveau ici?

DENIS — Euh, oui votre Seigneurie. Maître Drouin, votre Seigneurie.

OLIVIER — Drouin.

DENIS — Oui. C'est ma première cause ce matin votre Seigneurie.

OLIVIER — Ah!

DENIS — C'est pourquoi je compte un peu sur... mon Dieu euh... sur l'indulgence de votre Seigneurie...

OLIVIER — Comptez-y pas trop. Chus pas d'bonne humeur c'matin. Ça besoin d'rôder. Maître Berval quelle est la première cause c'matin?

PAUL — La première cause, votre Seigneurie, Maurice Phaneuf versus la reine.

OLIVIER — Versus de qui?

PAUL — La reine.

OLIVIER — La reine. Bonne p'tite fille.

PAUL — Maurice Phaneuf est accusé de meurtre et de viol.

OLIVIER — De meurtre... de meurtre et de...

PAUL — Viol.

OLIVIER — De viol! Hé ben. Ça commence bien c'matin. De viol! Meurtre c'est pas trop grave. C'est assez commun aujourd'hui. On a ça à tous les jours. Mais viol par exemple, ça je l'prendrai pas. C'est tout c'qu'on entend dire aujourd'hui. C'est viol, viol, viol, viol, viol dans les théâtres, dans les parcs, dans ruelles, dans carrés à charbons, dans poubelles, partout. Ah! non. Non, messieurs, garanti que j'vais être très sévère. Viol! Hum! Faites entrer le violoneux. Hein, le violoneux? Faites rentrer le pianiste... Euh! le... Rentrez donc quequ'un là.

DENIS — C'est mon client votre Seigneurie, Maurice Phaneuf.

OLIVIER — Ah! c'est vous?

PHANEUF — Ouais, c'est moi.

OLIVIER — Ah! Ah! Ah! c'est lui... accusé, accusé de meurtre et de viol.

PHANEUF — C'est ça. Les deux, les deux, les deux, les deux, les deux...

OLIVIER — Deux Phaneuf ça fait dix-huit!

PAUL — Votre Seigneurie, j'aimerais interroger l'accusé Maurice Phaneuf.

OLIVIER — Maurice Phaneuf demandé dans la boîte à témoin.

DENIS — Attention à vos réponses.

PHANEUF — Ah! y a pas d'danger. L'affaire est dans l'sac. Aie pas peur.

OLIVIER — Euh... Maurice Phaneuf, euh... vous avez entendu les accusations qu'on a... Phaneuf voyons debout s'il-vous-plaît.

PHANEUF — Hum?

OLIVIER — Debout s'il-vous-plaît.

DENIS — Ben oui, ben oui.

OLIVIER — Maurice Phaneuf vous avez... Phaneuf, j'ai dit debout s'il-vous-plaît.

PHANEUF — Je l'suis d'bout là.

OLIVIER — Arrêtez donc.

PHANEUF — Ben oui.

OLIVIER — C'est ben qu'trop vrai. Y est plus grand assis que d'bout. Vous voulez mettre la main sur le Bell. Maurice Phaneuf vous jurez d'dire la vérité euh... rien qu'la vérité. Dites je l'jure.

PHANEUF — Je l'jure.

OLIVIER — Assoyiez-vous.

PAUL — Monsieur Phaneuf voulez-vous raconter brièvement à la cour ce qui s'est passé le soir du 14 juillet?

PHANEUF — Ouais. Ben, monsieur l'avocat...

PAUL — Adressez vous au juge.

OLIVIER — Autant qu'possible.

PHANEUF — Alors euh... notre Seigneur...

OLIVIER — Notre Seigneur!!! C'est pas la passion qu'on joue ici. Notre Seigneur! On dit vot'singerie...

DENIS — Seigneurie... Seigneurie... Seigneurie...

PHANEUF — Alors votre Seigneurie, ça commencé dans l'après-midi ça.

OLIVIER — Hum. Hum.

PHANEUF — Et puis j'étais allé à l'hôpital voir ma belle-sœur avait été opérée pour la prostate la veille. Pas chanceuse, l'année d'avant a s'tait fait opérer pour les oiseaux verts.

OLIVIER — Les oiseaux verts pis la prostate?

DENIS — Voyons Phaneuf!

OLIVIER — Les oiseaux verts pis la prostate!

PAUL — Non monsieur Phaneuf. La prostate pis les oiseaux verts ça n'intéresse pas la cour. Tenez-vous en aux faits!

PHANEUF — Alors on va sauter c'bout là.

OLIVIER — Oui, sautez les oiseaux verts pis blue bird...

pis the blue bird of happiness... Y'm'semble que j'vous ai déjà vu quequ'part... vous êtes pas dans l'zoo du Capitaine Bonhomme?

PHANEUF — Quand on est sorti d'l'hôpital... En sortant d'l'hôpital, j'ai été à ferronnerie pour m'acheter une hache.

OLIVIER — Ah! une minute. Vous avez acheté une hache?

PHANEUF — Ouais. Une hache.

OLIVIER — Mais vous avez pas déjà une ferronnerie vous?

PHANEUF — J'ai acheté la ferronnerie en même temps.

OLIVIER — Ferronnerie au coin de Rouen pis de Frontenac... On vous a pas r'connu quand vous avez acheté vot'hache?

PAUL — Oui, oui, je r'connais l'individu...

PHANEUF — Y a un grand spécial dans l'étoupe pis les clous à bardeaux là. J'voulais avoir une hache parce que chez nous j'ai un foyer hein, pis j'voulais bûcher du bois. C'est pour ça que chus allé à montagne pour me chercher des branchages.

OLIVIER — Ah! pis vous saviez pas qu'c'était défendu d'couper des branchages sur la montagne?

PHANEUF — Non.

OLIVIER — Non. Ça va toute se rassembler ensemble à la fin.

PHANEUF — Ah! c'est pour ça l'affaire d'la hache dans main. A pensé que j'étais bûcheron moé. Chus pas bûcheron moé.

PAUL — Quel métier ou quelle profession exercez-vous?

PHANEUF — Moé j'suis sardinier.

PAUL — Ah! jardinier c'est un beau métier.

PHANEUF — Non, sardinier.

PAUL — Sardinier?

PHANEUF — Ouais. J'travaille dans'es sardines.

PAUL — Qu'est-ce que vous faites dans les sardines?

PHANEUF — C'est moé qui change l'huile à tou'es mille milles.

OLIVIER — Vous changez l'huile à tou'es mille milles.

PHANEUF — A tou'es mille milles.

OLIVIER — Les Brunswick j'suppose.

PHANEUF — Ouais. Alors quand chus arrivé su a montagne j'me suis charché une place pour me couper des branchages. Pis, un moment donné qui s'que j'aperçois-tu pas, la guidoune qui était icitte...

OLIVIER — Phaneuf, la guidoune! la guidoune! Mais un peu de respect pour Madame Openhouse. Voyons! La guidoune! Mais c'est une femme mariée, ne l'oubliez pas. La guidoune! On dit Madame la guidoune. Continuez.

PHANEUF — Alors j'aperçois Mademe Openhouse qu'y était là. Etait assise su une souche, tsé!

OLIVIER — Ouais. Vous avez vu la souche?

PHANEUF — Un boutte.

OLIVIER — Oui, c'est vrai qu'avec des minis...

PHANEUF — Hé pis un moment donné j'sais pas si c'est l'vent, mais... avait a robe e'rlevée à peu près jusqu'... à peu près... ah! à peu près.

OLIVIER — Jusque?

PAUL — Diriez-vous en haut du fémur?

PHANEUF — Ah! j'dirais en haut d'l'Avenue du Parc.

PAUL — Evidemment c'est plus touffu dans c'coin là.

PHANEUF — Alors j'ai j'té un œil euh... euh...

OLIVIER — Sa souche?

PHANEUF — Sa souche ouais. J'ai été comme attiré par le paysage, alors euh... j'me suis approché et puis ma femme était partie depuis trois s'maines, moé j'étais comme veuf. Vous savez, j'étais tout seul depuis trois s'maines hein.

OLIVIER — Ouais, ouais, ouais.

PHANEUF — J'commençais à loucher un peu.

OLIVIER — Vous vous êtes pas assomé nulle part?

PHANEUF — Hein?

OLIVIER — Vous vous êtes pas assomé nulle part?

PHANEUF — Non, non, non. Alors on a parlé tou'es deux Madame la guidoune pis moé.

OLIVIER — Madame la guidoune?

PHANEUF — J'ai dit Madame. On a parlé tou'es deux. Parle, parle, parle, parle et puis après ça euh... ensuite, on a jasé vous savez. Et puis un moment donné là j'me suis approché pis j'ai commencé à y flatter les mains. Des flattages, des flattages...

OLIVIER — Phaneuf, m'as t'flatter à tête si t'arrêtes pas.

PHANEUF — Ça fa qu'au boutte d'une dizaine de minutes de c'te flattage là est v'nue comme les yeux cailles pis d'la broue à n'arrière des oreilles.

OLIVIER — Etait pas mal avancée?

PHANEUF — Ouais. Là j'me suis dit en moé-même l'affaire est ketchup euh... c'est bon... tsé...

OLIVIER — Ah! L'affaire est ketchup?

PHANEUF — Ouais. Alors a m'a invité chez elle. A m'a dit qu'avait du bois à faire couper.

OLIVIER — C'est elle qui vous a invité?

PHANEUF — A m'a invité ouais. Alors j'ai été chez elle. Une belle maison, trois étages là-d'dans, huit zappartements.

OLIVIER — Huit tappartements.

PHANEUF — Cinq chambres de bain.

OLIVIER — Une p'tite femme propre.

PHANEUF — Oui. Ah! ouais. On est passé dans l'salon. On a jasé pendant un bout d'temps et pis euh... e'r'cevante à part de t'ça. A sorti, a m'a offert un drink.

OLIVIER — Que c'est qu'a sorti?

PHANEUF — Un drink.

OLIVIER — Ah!

PHANEUF — D'la boisson.

OLIVIER — D'la boisson? Quelle sorte de boisson?

PHANEUF — On a pris d'la crème de manche...

OLIVIER — Ouais. D'la crème de qu... qui... quoi? D'la crème de...

PHANEUF — D'la crème de manche.

OLIVIER — D'la crème de manche! D'la verte ou d'la blanche?

PHANEUF — D'la blanche. C'est moi qui servait. Ah! on s'est mis à jaser pis un moment donné le diable m'emporte j'me rappelle pas comment ça s'est faite mais on s'est trouvé dans chambre à coucher Madame Openhouse pis moé et puis euh... ben... là j'ai faite... ben...

OLIVIER — Ben quoi?

PHANEUF — Ben j'ai faite euh...

OLIVIER — Ben quoi? quoi? Gênez-vous pas.

PHANEUF — J'ai faite c'que vous auriez faite à ma place.

OLIVIER — Continuez.

PHANEUF — En tou'es cas un moment donné pendant qu'on était après faire l'affaire en elle là...

OLIVIER — Non, non... Sexuelle.

PHANEUF — Sexuelle. Y est arrivé un grand gars dans les six pieds et deux pouces, un grand frisé chauve. Y a rentré dans chambre sans cogner, y a ouvert la porte, pis y a traversé a chambre comme une balle. Ça j'ai pas aimé ça. J'ai pas trouvé ça poli d'sa part.

PAUL — Mais, il avait l'droit. Il était chez lui.

PHANEUF — Pis, j'étais su sa femme moé monsieur.

PAUL — Mais vous étiez l'intrus.

PHANEUF — A ça oui, au coton. En tou'es cas, un moment donné, c't'air bête là, y est rentré assez vite que quand y nous a vus, y a été surpris, pis y a pas eu l'air à aimer ça.

PAUL — Bien je l'comprends. Mettez-vous à sa place.

PHANEUF — C'est ça que j'faisais.

OLIVIER — Ah! toi Phaneuf là pendu par les gerlots jusqu'à temps qu'les oreilles t'en frisent.

PHANEUF — En té cas, c'est d'sa faute y est entré comme un air bête comprenez-vous. Un moment donné y s'est enfargé dans l'tapis qu'y avait au pied du lit, pis c'est là qu'y est tombé en pleine face. Y est tombé sur le taillant d'la hache qui était juste à côté, pis y s'est ouvert le front de là jusqu'à là. Y s'est mis à saigner, pis y saignait, pis y saignait, pis y saignait, pis y est parti comme ça en saignant.

PAUL — Comme un frère.

OLIVIER — Comme un frère?

PAUL — Comme un frère enseignant.

OLIVIER — Messieurs, debout. La sentence. Maurice Phaneuf, je vous condamne à vingt ans d'pénitencier, travaux forcés. Qu'on l'amène.

PHANEUF — Je l'prends pas monsieur.

OLIVIER — Qui c'est qui a parlé là? Qui c'est qui a disputé?

PHANEUF — J'ai dit je l'prends pas.

OLIVIER — Vous l'prenez pas?

PHANEUF — Non.

OLIVIER — C'est drôle ça. Il prend pas. Mon cher... cher Phaneuf, c'est moi qui est l'juge et c'est moi qui condamne.

PHANEUF — Qui c'est qui va les faire les vingt ans? C'est moi. Je l'prends pas. Je l'prends pas.

OLIVIER — Ben oui, mais...

PHANEUF — Y a pas d'oui, c'est non. Je l'prends pas.

OLIVIER — Ben oui, mais t'es accusé de meurtre pis d'viol mon p'tit garçon. Prends-tu?

PHANEUF — Prends pas.

OLIVIER — Ça première fois que ça m'arrive.

PAUL — Ne vous laissez pas abattre votre Seigneurie.

OLIVIER — Oui, mais que c'est qu'on va faire, y veut pas.

PAUL — Insistez que diable!

OLIVIER — Merci. J'insiste que diable!

PHANEUF — Non, insistez pas c'est inutile. J'vous l'ai dit je l'prends pas.

OLIVIER — Ben oui mais écoute...

PHANEUF — Je l'prends pas. Bon, c'tu clair?

OLIVIER — C'est vrai que vingt ans c'est long un peu... Bon, O.K., O.K. cinq ans.

PHANEUF — Non, y est-tu fatiguant. Prends pas vingt ans, prends pas cinq ans. Je l'prends pas.

OLIVIER — Ben oui, mais écoutez...

PHANEUF — Non.

OLIVIER — Ben... un an, un an, un an, un an, un an. Bon, un an.

PHANEUF — Non. Ni vingt ans, ni cinq, ni un. Non.

OLIVIER — Ben oui, mais écoute Phaneuf. Ecoute un peu... fais moi plaisir un peu... Phaneuf... six mois.

PHANEUF — Non, je l'prends pas.

OLIVIER — Parlez-y quequ'un. Voyons, écoute.

DENIS — Prends six mois, tu vas t'faire haïr.

PHANEUF — Ben, j'm'en sacre, je r'viendrai plus icitte.

OLIVIER — Faut pas perdre un client non plus. Ecoutez, trois mois... trois mois.

PAUL — Y a dit trois mois, mais vous l'f'rez pas. Vous allez faire un mois au plus. On va aller vous voir tou'es trois. On va vous apporter des grands pains français avec des limes pis d'la dynamite dedans. Pis on va vous apporter des chaudières de ( ) avec d'la mari d'dans.

OLIVIER — Un mois, un mois, un mois.

PAUL — Un mois.

PHANEUF — Non plus.

OLIVIER — Voyons batêche, j'te donne quinze jours pis un autre quinze jours écoute là. Prends quequ'chose, j'ma perdre ma job moé là.

PHANEUF — Je l'prends pas.

OLIVIER — Que c'est que j'fais là. C'est vingt ans, pis j'veux plus en entendre parler.

DENIS — Votre Seigneurie, nous avions un p'tit atout d'caché.

OLIVIER — Un p'tit atout?

DENIS — Oui, regardez dans l'code criminel votre Seigneurie, vous y lirez à l'article trois cent trente-trois, qu'on n'peut pas blâmer une personne de sexe mâle pour meurtre ou pour viol à moins qu'elle ne soit âgée de quatorze ans, ce qui n'est pas l'cas pour mon client.

OLIVIER — Ah! y a pas quatorze ans.

DENIS — Non, votre Seigneurie.

PAUL — Y a pas quatorze ans?

OLIVIER — Voyons donc.

DENIS — Ben non votre Seigneurie. Il est né en 1936, année bissextile. Il est né le 29 de février. Il a un an à tous les quatre ans. Faites le calcul. Il vient d'avoir six ans monsieur. Et, votre Seigneurie, il commence l'école à l'automne... au mois de sektembre.

PAUL — Ah! ben ça parle au t...

OLIVIER — Au mois de sektembre! Ah! ben s'y dépend rien que de moi y finirait pas son cours lui!... Comme ça, on a perdu tout c'temps là pour rien. Hé bien messieurs la cour s'ajourne! Le juge part sur une balounne!

Appendice G

Trois heures du matin

(Monologue d'Olivier Guimond, transcrit par Chantal Hébert, à partir d'un enregistrement réalisé au *Théâtre des Variétés,* sur disque Trans Canada OG-57).

Il entre ivre...

«Mon bulldozer qui m'attend... avec le rouleau à pâte à part de t'ça. Ça c'est pas pour faire des tartes, certain.

Un, deux, trois. Ouais... ouais, va falloir rentrer.

On a eu du fun pareil.

Ouais, ouais on n'est pas rendu.

On a fait un beau voyage en tout cas.

Chus mieux d'enl'ver mes souliers parce qu'elle a l'oreille fine elle. A l'air d'un accident qui s'en va en quequ'part pour arriver. Oh! boy! Oh! ça, ça ramène pas un gars. Ah! ben coudons, c'est la vie!

Eh! ben. On a eu du fun pareil. Un beau party. On a été à une... une... On a été à une initiation des Lacordaires. C'est-à-dire que... que j'devais aller à une initiation. J'me suis trompé de party. J'ai été dans un autre party à place. Y'avait un fun là! Y'avait des f... y'avait des femmes. Y'avait... On a regardé des f... Y'avait des femmes... Y'avait... Y'avait des femmes... et puis on a joué à toutes sortes d'affaires.

Un moment donné... un moment... un moment... un moment donni... un moment donné on a joué à chique chique la guenille. J'avais jamais joué à ça moé! Ah! ça c'est l'fun ça! Y prennent un grand... un grand... un grand morceau de catalogne; à peu près deux pieds... ouaf, deux pieds de long. Et puis euh... la catalogne ça peut être des vieilles... des vieilles guinilles. Ça peut être des guinilles, des vieux caneçons, toutes sortes d'affaires. Fa que là... la... la... la fille prend un morceau d'un boutte de catalogne dans sa bouche, pis le gars lui prend l'autre boutte. Le gars y mâche, pis y mâche, pis y mâche jusqu'à temps qu'y arrive au milieu. Pis là, rendu au milieu, y s'embrassent. Gros fun! Fa que y ont toutes passés chacun leu'tour, pis moé ben, je euh... y avait... y restait juste une vieille fille. Ça fa que j'ai joué avec elle moé. Ah! ben était pas belle à voir. Elle, elle a voyagé dans guernotte c'est sûr! En tout cas, elle a pris son boutte, pis moé j'ai pris l'mien. Pis elle a mâchait, pis a s'en v'nait su'l'vrai temps. Rendu au milieu, elle a toussé pis moé j'ai avalé la catalogne. Ah! oui Ah! oui Ah! ouais Ah! ouais!... Ah! ouais!...

Après ça, en m'en v'nant, j'étais avec un d'mes amis. Pis lui y a son chum qui est mort. Y était exposé chez eux. S'appelait... Comment qui s'appelait donc euh... Ti... Ti... euh... Ti-Lou Lussier, y est mort dans fleur de l'âge. Fa que mon chum y dit veut-tu on va arrêter chez eux. Y est exposé dans maison chez eux. Pas assez d'argent pour aller dans un salon funér... funér... une affaire là. Fa qu'on a rentré dans l'salon, pis mon chum s'est jeté à genoux, pis y dit mon pauvre Ti-Lou qui est mort. Ça c'était un chum! Pis y le r'garde, pis y dit sacré Ti-Lou, y a pas changé. Foncé un peu par z'emple. Pis y a encore ses belles dents toutes blanches. J'ai été obligé d'y dire ôte-toé d'là té d'vant l'piano là à g'noux!

Ouais, ben va falloir que j'arrête de boire pareil!

Le docteur y dit slack la poulie tu vas mourir mon garçon! Y dit euh... va passer... va passer l'hiver en Floride ça va t'faire du bien. J'y ai été en Floride, y'a pas d'hiver là!»

Appendice H

Inventaire des titres des pièces jouées entre 1925 et 1930[1]

A brave Pitou
Accusés (Les)
Acteurs et menteurs
Affaire est café (L')
Ah, les femmes
A la Gueuse
A l'encan
A me pompera pas
Allo, Baptiste
Allo canard!
Amour d'un étudiant (L')
Amour et sacoche
Amour en l'air (L')
Amour en voyage (L')
Apache (L')
Après l'opéra
A qui le parapluie
A qui le théâtre
As-tu vu la Balloune
As-tu vu la Reine?
Atta bébé
Attention à la police
Au bord d'la plage
Avant et après le mariage
Avenir de la civilisation (L')

Bateau d'amour (Le)

Bateau pirate (Le)
Beau et Chaud
Beau p'tit Willy
Bec à bec
Belle-mère enragée (La)
Belle-mère gelée (La)
Ben, arrêtez-vous donc...
Bing Bang
Bing! Bang! ça y est
Bleu-Blanc-Rouge
Bonsoir la visite
Bouffoneries
Boulanger (Le)
Bourreau (Le)

Ça c'est ça
Ça c'est la folie
Ça c'est un ami
Cache tes chips!
Ça gratte
Cap santé (Le)
Carmen
Carnaval du printemps (Le)
Caroline dans les Pétaques
Caroline en Orient
Ça s'passe à Montréal
Ça va mal à matin

1 Cet inventaire partiel a été réalisé à partir du dépouillement des annonces et des communiqués du journal *La Presse* et des programmes du théâtre *National* pour l'année 1930.

Pour conserver l'intégrité des titres originaux nous avons cru bon de les transcrire sans en modifier l'orthographe.

Ça vous fait rien?
C'est de la classe
C'est l'la folie
C'est suffisant
Ceux qu'en désire
Chambre à louer
Chambre d'amie
Chandelles lumineuses (Les)
Change de place
Chemineau indépendant
  (Le)
Chez les sauvages
Citrouille à Pizzy (La)
Cœur atout
Cœur d'Apache
Collier de diamants (Le)
Collecteur (Le)
Comme sur des roulettes
Comptesse Balloune (La)
Concours de puzzles
Connais-tu l'amour?
Consultation (La)
Coney Island
Coup de feu (Le)
Crève-Faim (Les)
Croix du Mont-Royal (La)
Croquecignolles (Les)

Dans le fond de cour
Dans les loges au théâtre
Dans l'île d'Honolulu
Dans mon haut-parleur
Débacle (La)
Déménages-tu?
Des Beans
Descends en bas Rose
Des fleurs mon mine
Deux dans une

Deux patrons (Les)
Deux policiers (Les)
Diana
Dinde du jour de l'an (La)
Divorce
Dix soirs dans un bar
Donne-moi z'en
Donne-zy-pitoune
Dopés (Les)
Dret-fret-net-sec
Duc Laflute (Le)

Elle c'est lui
Embarras du choix (L')
Encore une bonne
En courant ma poule
Enfant adopté (L')
Enfer (L')
Enfin ça y'est
En fond
En grève
Entre amis
Entrée donc
En villégiature
Envoie fort
En wagon-lit
Epicier du coin (L')
Erreurs du mariage (Les)
Est-y mort?
Etranger c'est lui (L')
Excuse ma trompe

Fais-en donc autant
Fais pas ça
Fais pas ta folle
Famille Crèvecœur (La)
Famille de ma femme (La)
Famille des boules de suif (La)

Fausse alarme (La)
Faut qu'ça vienne
Fête à Clara (La)
Femme du jour (La)
Feu qui brûle (Le)
Fille du major (La)
Fils à papa (Le)
Fin d'une Enquête (La)
Fine giddoune
Forçat (Le)
Fou d'en face (Le)
Fou d'un fou (Le)
Frappe-moi su'l'nez
Frères siamois

Googles se marie
Grande Vente!
Grève des femmes (La)
Grévistes (Les)
Griffe du monstre (La)

Ha, les femmes
Hello, hello
Hip, hip, hurrah
Ho-Bébé
Hotel de luxe
Hotel du coin (L')

Jardin d'amour (Le)
Jardin espagnol
Je veux un héritier
Jolie fermière (La)
Jolie servante (La)
J't'en souhaite une
J'veux mon divorce

L'as-tu vu
Levy rentre dans l'union

Loi qui parle (La)
Long life lindberg

Ma belle-mère est cantatrice
Ma chérie
Maison hantée (La)
Mariage de la noune (Le)
Mari préféré (Le)
Mariés secrètement
Mariés trois fois
Marraine à Tizoune
Masque noir (Le)
Mauvais esprits (Les)
Menteurs (Les)
Mexicain (Le)
Mic-Mac
Ministre (Le)
Modèle vivant (Le)
Mon dentiste
Mon héros
Mon P'tit ami
Monte là-d'sus
Mouve ton berlot
M. Sans Gène

New-Yorkais (Le)
Noir et Blanc
Nos adieux
Nuit du 25 décembre (La)
Nuit joyeuse

Oh! Amour! quand tu nous
    tiens!
Oh chaleur
Oh Henry!
Oh-là-là
Oh! mon oncle
Oie! Oie! donc

Oiseaux de nuit (Les)
Ok la banane
Oncle à héritage (L')
On demande des dompteurs
On demande un bébé
On est d'dans
On est un peu là
On gèle ma belle-mère
On gèle notre belle-mère
On l'est t'y ou ben si on
    l'est pas?
On s'gratte
On y va
Oui oui mademoiselle
Ousqu'est le chat

Paradis des femmes (Le)
Parle-z-en pas!!!
Passe-Partout veut s'marier
Pauvre poisson
Pawn-shop
Pizzy à l'asile
Pizzy est mort
Pizzy perd son dépôt
Policemans (Les)
Pomme d'Adam (La)
Pot à l'as
Pour le bal
Pour vous mesdames
Pour vous messieurs
Pousse-pas Polly
Pousse-toé
Prenez une chance

Quand on s'aime
Quatre mousquetaires (Les)
Quatre saisons (Les)
Qui est fou

Rage (La)
Rendez-vous (Le)
Réveillon (Le)
Réveillon chez Cornesuif
    (Le)
Réveillon de Noël (Le)
Roi de l'amour (Le)
Roi des bons garçons (Le)
Roméo a sa Juliette
Rose de la nuit (La)
Roses des quartiers louches
Rough and tough
Ruelle de la paix (La)
Ruelle tranquille (La)

Sa majesté
Sa majesté l'argent
Satisfaction
Se présentant comme maître
Serment de Ninon (Le)
Servante et maîtresse
Servante mécanique
Sincère baiser (Le)
Singe de ma fille (Le)
Situation embarrassante
Son petit miroir
Sorcière de la nuit (La)
Souvenirs du passé
Spring bed
Sus l'temps des pommes

Tag-Day
Tante Octavie
Tape dans l'tas
T'est trop curieux
Titoune à Moumoune
Tout en folies
Tout le monde danse

Toute le monde fait ça!
Tout le monde flirte
Tout le monde meurt
Tout le monde rit
Tout l'monde s'amuse
Touristes (Les)
Trois chefs mystérieux (Les)
Trois heures du matin
Trois flirt (Les)
Troisième degré (Le)
Trois sauveteurs (Les)
Trop de dindes
Trop d'enfants
Troubles de ménage (Les)
Trucs d'un cordonnier (Les)
Tu me ruines
Tu perds 5 cents
Tizoune à Coney Island
Tizoune a du fun
Tizoune à Paris
Tizoune aux enfers
Tizoune c'est le coq
Tizoune chez les fantômes
Tizoune colle
Tizoune le compte
Tizoune le dopé
Tizoune s'amuse
Tizoune se plante
Tizoune soigne
Tizoune sort

Un billet doux
1-2-3-Go
Une affaire emballée
Une coquette irrésistible
Une journée à St-Polycarpe
Une journée au bord de la
    mer

Une répétition
Une nuit chez Maxime
Une servante encombrante
Un Juif sur le champ de
    mars
Un jour de cirque
Un mariage trompeur
Un mélange
Un mélange de maris
Un ménage d'automne
Un mort vivant
Un notaire à la mode
Un secret de femme
Un télégramme
Un voyage au bord de la
    mer

Vendeur de lions (Le)
Vilain méchant!
Vieille fille et vieux garçon
Viens pas m'raser
Viens-tu au crique
Vieux garçons et vieilles
    filles
Vieux loup de mer (Le)
Vive l'amour
Voleur honnête (Le)

Wha Jenny!
Wô... Coq!

Y'a pas moyen

Zling une barbue

Appendice I

1 HÉBERT, Chantal, DUBÉ, Philippe *in Le Théâtre des Variétés. Monographie descriptive*. Québec, Université Laval, CELAT, (juin 1978), 61 pages.

Oncle de l'Ouest (L')
On gèle la belle-mère

Pas visite s.v.p.
Pauvre poisson
Pêche miraculeuse (La)
Pelote de laine (La)
Pharmacie (La)
Photographe (Le)
Plante-toi Ti-Zoune
Plombier
Portes (Les)
Procès (Le)
Propriétaire (Le)
Pruneville sur mer

Qui est mort le premier?
Qui suis-je, tu, vous

Reporter (Le)
Restaurant (Le)
Reste au foyer
Roi des nonos (Le)
Route 69

Sans blague
Secret de la dame en noir
   (Le)
Sept péchés capitaux (Les)
Sexshop (Le)
Si ça rie c'est ici
Soldats (Les)
Somnambule (La)
Souvenirs de l'oncle
   Ephrème
Suites d'un premier lit (Les)
Su'l'piton
Sur la plage

Symphorien

T'as ton voyage
Télévision pique atout
T'étons jamais
Testament (Le)
«Ti-Giddup» d'amour (Le)
Tribunal (Le)
Trois fois mon père
Trois heures du matin
Trois matelots (Les)

Un bébé d'adoption
Un bouton à quatre trous
Un canadien à Paris
Un chien perdu
Un, deux, trois, go
Une bonne blague
Une journée mouvementée
Une n'attend pas
   l'autre (L')
Union contre les
   femmes (L')
Un mari gaga
Un mari improvisé
Un mari innocent
Un mari pour $50,000.
Un mari sans culotte
Un mariage

Veille sur tes enfants
Vendeur de flic à flac (Le)
Vérité en face (La)
Vérité en farce (La)
Vieillir c'est souffrir
Vieux garçon enragé
Visite à Hawaï
Visite chez le docteur

Appendice J

Les troupes et leurs membres de 1925 à 1930[1]

Théâtre	Troupe	Membres	Année	Date Source
National	Pizzy-Wizzy	Pizzy-Wizzy, Macaroni, Paul Hébert, Hector Pellerin, Jack Fogarty, Blanche Beaumont, Marie-Jeanne Bélanger, M. Quennie, Florida Roy, et 15 «jolies» danseuses dont les sœurs Watson.	1925 (de janvier à mai)	03-01-1925
	Tizoune	Tizoune, Effie Mack, Blanche Beaumont, Marie-Jeanne Bélanger, Bob Lee, J.-R. Tremblay, Bob Walter, etc. «Il y a un chœur de jolies filles, 25 danseuses et la troupe comprend 40 personnes.»	1925	04-05-1925
	Non identifié	Teddy Burns, Alex Desmarteaux, Charles-Emile Gauthier, Hector Pellerin, Bob Walker, Oscar Valade J.-R. Tremblay, Damasse DuBuisson, Jeannette Perreault, Marie-Jeanne Bélanger, B. Beaumont, Blanche DuBuisson, et «Les Poupées canadiennes-françaises».	1925 (de juin à septembre)	13-06-1925
	Pizzy-Wizzy	Pizzy-Wizzy, Macaroni, Hector Pellerin, Jeannette Perreault, Blanche Beaumont, Marie-Jeanne Bélanger, Jack Fogarty, Quennie, les sœurs Watson (une «troupe de 25 personnes» dont «15 danseuses ravissantes»). «Le joyeux» Victor se joint à la troupe le 14-11-1925.	1925 (de septembre jusqu'à fin d'année)	29-08-1925

---

1 Cet inventaire a été constitué à partir du dépouillement des annonces et des communiqués publiés dans le journal *La Presse*. Bien qu'il ne soit pas exhaustif, il donne un aperçu assez juste du déplacement et de la composition des troupes entre 1925 et 1930.

Le burlesque au Québec

Théâtre	Troupe	Membres	Année	Date Source
Ouimeto-scope	Arthur Petrie	La troupe d'Arthur Petrie et Les Poupées françaises. (Les noms des membres de la troupe ne sont pas mentionnés).	1925 (de juin à septembre)	13-06-1925
Casino	Charles-Emile Gauthier et Juliette Petrie	Passe-Partout (Oscar Valade), François, Gilberte Tanguay, Caroline (Juliette D'Argère), Béatrice et Antoinette Vester, Spaghetti, Teddy Burns et Wilbrod.	1925	18-07-1925 12-09-1925 07-11-1925
King Edward	Paul Hébert	Paul Hébert avec sa troupe. «30 personnes en scène avec un chœur de 12 jolies filles» dont Marcelle Raymond, Henriette Demers et Marcelle Loranger.	1925 (de septembre jusqu'à fin d'année)	29-08-1925
Arcade	Moe Levy	«Le Juif canadien avec sa troupe de danseuses». (Aucun autre nom n'est mentionné).	1925	07-11-1925
National	Pizzy-Wizzy	Pizzy-Wizzy, Macaroni, «le joyeux» Victor, Jeannette Perreault, Simone de Varennes, Blanche Beaumont, Hector Pellerin, Eva Prégent, Jack Fogarty, Raoul Léry, les sœurs Watson.	1926	02-01-1926 09-01-1926 06-02-1926 06-03-1926 20-03-1926 05-06-1926
Casino	Arthur Petrie	Juliette D'Argère, Rose Ouellette, Wilbrod, Marcel Dequoy, Armand Lacroix.	1926 (de janvier à mars)	02-01-1926
	Paul Hébert	Paul Hébert, Rose Ouellette, Henri Dauvilliers, Simone Roberval et les sœurs Vester.	1926 (d' (d'août à décembre)	28-08-1926 04-09-1926
Ouimeto-scope	Non identifiée	Blanche DuBuisson, Juliette Béliveau, Oscar Valade, Charles-Emile Gauthier, Damasse DuBuisson.	1926 (janvier et février)	02-01-1926

Théâtre	Troupe	Membres	Année	Date Source
	Arthur Petrie	Arthur Petrie, Juliette Petrie, Eugène Martel, Blanche Gauthier.	1926 (de mars à mai)	16-03-1926 20-03-1926 27-03-1926
	Pozo et Pic-Pic	Bozo, Pic-Pic, Mme Alma, Al Beaumond.	1926 (de mai à septembre)	15-05-1926
	Arthur Petrie	Arthur Petrie, Juliette Petrie, Jeannette Perreault, Joseph Martel, Florida Roy.	1926 (de septembre à décembre)	21-08-1926 18-09-1926 30-10-1926
Casino	Paul Hébert	Paul Hébert, Henri Dauvilliers, Armand Lacroix, Simone Roberval, Rose Ouellette, Germaine Lippé, Teddy Burns, Anne Nozière.	1927	05-03-1927
Ouimeto-scope	Arthur Petrie	Arthur Petrie, Juliette Petrie, Joseph, «le joyeux» Victor, Jeannette Perreault.	1927	04-01-1927
King Edward	Arthur Petrie	Arthur Petrie, Juliette Petrie, Joseph, Manda, Victor et Les Poupées françaises.	1927 (de septembre jusqu'à fin d'année)	03-09-1927
National	Pizzy-Wizzy	Pizzy-Wizzy, Macaroni, Marie-Jeanne Bélanger, Jack Fogarty, Mme Duvernay.	1927 (de janvier à mai)	04-05-1927 08-05-1927 15-05-1927
	Charlie Ross	Charlie Ross, Paul Hébert, Marie-Jeanne Bélanger, Al Beaumond, Bozo, Rose Beaumond, Mme Olga.	1927 (de mai jusqu'à fin d'année)	07-05-1927 14-05-1927
King Edward	Arthur Petrie	Arthur Petrie, Juliette Petrie, Manda Parent, Germaine Lippé, Joseph et Les Poupées françaises.	1928 (de septembre jusqu'à fin d'année)	04-08-1928
National	Charlie Ross	Charlie Ross (Pic-Pic), Bozo, Al Beaumond, Gaston St-Jacques, M.-J. Bélanger Juliette Béliveau, Hervé Germain, les sœurs Watson.	1928	03-01-1928 21-01-1928 18-02-1928 25-02-1928

Théâtre	Troupe	Membres	Année	Date Source
	Tizoune	Tizoune, Hector Pellerin, Juliette Béliveau, Blanche DuBuisson, Marie-Jeanne Bélanger, Effie Mack Oscar Valade.	1929 (de janvier à juin)	02-01-1929 21-01-1929
	Non identifiée	Teddy Burns, Swifty et Caroline.	1929 (de juin à septembre)	15-06-1929
Arcade	Arthur et Juliette Petrie	Arthur Petrie, Juliette Petrie, Joseph, Manda, Louis Préville et Les Poupées françaises. (La troupe des Petrie se partage la scène de l'Arcade, tantôt avec la troupe de Paul Hébert et de Pizzy-Wizzy, tantôt avec la troupe de Pic-Pic et de Pizzy-Wizzy).	1930	04-01-1930
	Paul Hébert	Paul Hébert, Pizzy-Wizzy, Rose Ouellette, S. Duvernay, Henri Dauvilliers, A. Grimard, Bozo, les sœurs Fox et les Sally Girls.	1930	04-01-1930
	Pic-Pic et Pizzy-Wizzy	Pic-Pic, Pizzy-Wizzy, Simone de Varennes, Annette Leblanc, Germaine Duvernay, Olga Hudon, Henri Dauvilliers, H. Thoter et les sœurs Fox.	1930	08-03-1930
National	Tizoune	Tizoune, Juliette Béliveau, Simone Roberval, Blanche DuBuisson, Hector Pellerin, Effie Mack, Gilda Gercy, Raoul Lévy, Damasse DuBuisson, Henriette Demers, Alice Allard et les Campbell Twins.	1930 (de janvier à mai)	04-01-1930
	Caroline	Caroline (Juliette d'Argère), Arthur et Juliette Petrie, Manda, Raoul Léry, Rose Rey-Duzil, Marcel Dequoy, Teddy Burns, Simone de Varennes, Paul Foucreault, Germaine Massé, Balloune.	1930 (de mai à septembre).	31-05-1930 21-06-1930 26-07-1930

Théâtre	Troupe	Membres	Année	Date Source
	Tizoune	Tizoune, Juliette Béliveau, Effie Mack, Juliette Petrie, Rose Rey-Duzil, Pic-Pic, Arthur Petrie, Fred Chaput, Hector Pellerin, Rita Cox, Merril Sisters, Gilda Guercy.	1930 (de septembre jusqu'à fin d'année)	30-08-1930 06-09-1930
Cartier	Paul Hébert	La troupe de Paul Hébert est composée de 10 personnes dont les noms ne sont pas mentionnés.	1930 (de septembre jusqu'à fin d'année)	30-08-1930
King Edward	Oscar Valade	Passe-Partout (Oscar Valade), Teddy Googles, Damasse DuBuisson, A. Bourdreau, Germaine Lippé, Aurore Alys, Eliza Gareau et 12 Poupées canadiennes.	1930 (de septembre jusqu'à fin d'année)	30-08-1930

Appendice K

Les frais d'admission dans quelques théâtres

Admission	Théâtre	Année	Source
Matinée 5¢, soirée 10¢	King Edward	1913	*The Montreal Daily Herald,* Mars 1913.
Matinée 15-25¢, soirée 15-25-30-35¢	National	1920	*La Presse,* 10-01-1920
Matinée 15¢, soirée 25¢	Canadien Français	1923	*Le Canard,* 19-04-1923
15¢	Starland	1924	J. Petrie, *Quand on revoit...,* p. 34
Matinée 10¢, soirée 25¢, Dim. en soirée seul. Haut 25¢, bas 50¢	National	1925	*La Presse,* 09-05-1925
Matinée 10-20¢, soirée 15-20-25¢	Ouimetoscope	1925	*La Presse,* 13-06-1925
Matinée 10¢, soirée 15-25¢	Casino	1925	*La Presse,* 10-10-1925
Matinée 10-20¢, soirée 25¢	National et Ouimetoscope	1927	*La Presse,* 19-20-1927
Matinée 10¢, soirée 15-25¢	King Edward	1928	*La Presse,* 18-20-1928
Matinée 10-15¢, soirée 15-25¢	Arcade	1930	*La Presse,* 11-01-1930
Matinée 11¢, soirée 20¢	King Edward	1930	*La Presse,* 20-09-1930
Matinée 10-15¢, soir., 10-15-25¢	Arlequin	1932	*Le Soleil,* 12-11-1932
Matinée 10-15¢, soirée 20-25¢	National	1935	*La Presse,* 05-01-1935
Matinée 17¢ (au balcon)	National	1939	P. Laframboise, *La Poune,* p. 15
Matinée 25¢, soirée 25-30¢	Arcade	1940	*La Presse,* 20-07-1940

(à compter de 1940, on ne fait plus mention dans les journaux des frais d'admission au théâtre)

Appendice L

Liste des théâtres de la ville de Montréal où le burlesque était à l'affiche

Noms	Adresses	Propriétaires en 1927	Sièges
Amherst	524 Sainte-Catherine est (ancienne numérotation)	Amherst & Westmount T. Synd.	1697 en 1927
Arcade	1563 Sainte-Catherine est	Joseph Cardinal	822 en 1939
Canadien (Ouimetoscope)	624 Sainte-Catherine est, changé en 1204 Sainte-Catherine est	Joseph Cardinal	600 en 1939
Cartier	3990 Notre-Dame ouest		
Casino	1038 Sainte-Catherine est	Joseph Cardinal	
Crystal Palace	331 Saint-Laurent, changé en 1223 Saint-Laurent	Joseph Arthur Archambault	861 en 1927 785 en 1939
Dominion	4530 Papineau	Najeeb Lawand	908 en 1927 829 en 1939
Gayety (Mayfair ou Radio-Cité)	84 Sainte-Catherine ouest	Gayety Theatre Ltd.	992 en 1939
Her Majesty's	1421 Guy		1756 en 1939
King Edward (Roxy Follies)	275-279 Saint-Laurent changé en 1161 Saint-Laurent	Ely Lawand	750 en 1913 786 en 1939

Majestic	1427 Ontario est	Harry Heller	561 en 1927
Midway	335 Saint-Laurent, changé en 1229 Saint-Laurent	Photophay Co. Ltd.	1103 en 1939
National	1220 Sainte-Catherine est	Joseph Cardinal	836 en 1939
Princess	290 Sainte-Catherine ouest, changé en 480 Sainte-Catherine ouest		2205 en 1939
Starland	290 Saint-Laurent, changé en 1174 Saint-Laurent	Abraham Assad	804 en 1927 795 en 1939

Ce tableau a été dressé à partir de la liste des permis de licences accordés par la ville de Montréal le 1er mai 1927 et un recensement partiel des théâtres de la métropole effectué, en août 1939, par A.J. Livinson, 265 Craig, Montréal. (Archives de la ville de Montréal, dossiers «Théâtre»).

Appendice M

La transcription des paroles des cinq chansons suivantes a été réalisée par l'auteure à partir des disques 78 tours qui sont déposés à la Bibliothèque Nationale du Canada, division de la musique.

Avec un peu de sauce[1]

Auteur: René Paradis
Interprète: Rose Ouellette

I

C'est en mangeant du poulet
Avec un peu d'sauce
Que j'ai connu des secrets

Refrain:
Mets du sel, mets du sel
Mets du poivre et puis du sel
avec un peu d'sauce

II

Ce jour-là, l'amour m'a pris
Avec un peu d'sauce
J'ai connu des mots gentils
(Refrain)

III

J'ai connu des grands serments
Avec un peu d'sauce
J'entendais crier mouman
(Refrain)

IV

J'vous dit ce fut surprenant
Avec un peu d'sauce
J'ai vu des événements
(Refrain)

V

Des fois c'était amusant
Avec un peu d'sauce
Des fois c'était énervant
(Refrain)

VI

Et ce fut mon grand roman
Avec un peu d'sauce
J'devenais les yeux plus grands
(Refrain)

VII

Et un jour le cœur content
Avec un peu d'sauce
Joe m'a dit en m'épousant
(Refrain)

VIII

Et j'élève mes petits enfants
Avec un peu d'sauce
Je leur dit à chaque instant
(Refrain)

---

1 78 tours sur étiquette STARR 16704

Faut qu'ça grouille[1]

Auteur: René Paradis
Interprète: Rose Ouellette

I

Mes amis quand on est amoureux
Ah! faut qu'ça grouille (bis)
Malgré nous on devient audacieux
Toute en grouille dans nos yeux
Et quand on devient audacieux
Ah! faut qu'ça grouille (bis)
Dans nos cœurs l'amour fait
    du feu
Toute s'embrouille c'est t'y
    curieux

II

On goûte au cœur-z-et aux baisers
Ah! toute en grouille (bis)
On se met à rire et à chanter
Toute en grouille dans
    l'chiffonier
Et ensuite on s'met à rêver
Ah! toute en grouille (bis)
On devient le corps tout agité
Toute en grouille d'la tête aux
    pieds

III

On fait les plus beaux rêves
    d'espoir
Toute en grouille (bis)
On rêve aux yeux bleus, aux yeux
    noirs
Toute en grouille dans le boudoir
Ensuite vient le temps de s'marier
Ah! toute en grouille (bis)
Dans le cœur d'la blonde et du
    cavalier
Toute en grouille d'vant l'amitié

IV

Et en disant oui c'est attendu
Ah! toute en grouille (bis)
On s'dit plus vous, on se dit tu
Toute en grouille dans le menu
On est en ménage pour la vie
Faut ben qu'toute en grouille (bis)
C'est du sérieux c'est pas des
    menteries
Toute en grouille dans la
    brasserie

V

Et on commence à avoir des p'tits
Oh! là ça grouille (bis)
Et puis toute ça c'est d'avoir dit
    oui
Toute en grouille dans le logis
Ensuite on devient de vieux
    grogneux
Ah! ben là par'xemple toute en
    grouille
On n'est pas comme des jeunes
    amoureux, ah! non
Ça prend un p'tit peu plus de
    temps...
Mais on grouille encore un p'tit
    peu

1 78 tours sur étiquette STARR 16772

J'peux pas trouver mieux[1]

Auteur-Interprète: Paul Hébert

I

J'ai connu une demoiselle
Qui me dit: de vous j'suis épris
Je me ferai sauter la cervelle
Si vous r'fusez d'être mon ami
J'lui réponds: c'est impossible
Je suis déjà fiancé
Pour moi c'est bien difficile
Je n'peux pas vous accepter
Faites-vous sauter c'que vous
    voudrez
Mademoiselle je n'peux pas vous
    marier

Refrain

Je suis amoureux de Rosanna
    Maheux
Elle a des beaux yeux, malgré
    qu'a louche un peu
Quand on est tous les deux, je
    suis très heureux
J'peux pas trouver mieux
    qu'Rosanna Maheux

II

Rosanna c'est une fille charmante
A qui j'ai promis mon cœur
C'est vrai qu'pour moi elle est un
    peu grande
Je ne m'occupe pas de la grandeur
C'est une femme de ménage
Qui est remplie de qualités
Et comme c'est une fille sage
J'pourrai jamais trouver mieux

J'en ai vu qui était plus jolie
Mais moi quand j'aime c'est pour
    la vie
    (Refrain)

III

Il est vrai qu'elle a les jambes
    croches
Mais dans l'ménage ça y fait rien
Elle a les cheveux couleur carotte
Mais je l'aime et la trouve bien
C'est vrai qu'elle est tellement
    plate
Qu'on dirait d'une planche à laver
En se r'muant toute se détraque
Ça r'viendra une fois marié
Tout l'monde a beau la critiquer
Y me changeront jamais les idées

Dernier refrain

Je suis amoureux de Rosanna
    Maheux
Quand on s'ra tous les deux on
    vivra heureux
Avec ses beaux yeux, malgré qu'a
    louche un peu
j'peux pas trouver mieux
    qu'Rosanna Maheux

---

1 78 tours sur étiquette VIC 5132

La Poune au paradis[1]

Auteur: René Paradis
Interprète: Rose Ouellette

I

C'est moé La Poune qui monte
au paradis
Jouant ma toune, amusant les
amis
V'la que tous les saints qui se
mettent à danser
Et dans l'entrain, le bal a
commencé
St-Pierre dansait une gigue
J'ai dit: c'est le temps de l'enjoler

II

Et St-Thomas vient me dit tout
bas
Ta place est là assis sur le tas
Voyons ton cas et ensuite on
saura
Si c'est en bas que ton corps
descendra
J'disais l'âme inquiète:
J'devrais prendre un bon avocat

III

Dans la vallée où sont les
condamnés
Comme une poupée j'suis à me
confesser
Mon grand péché fut fait par ma
beauté
Et les jurés de mon sort vont
juger
J'étais parmi les anges
J'disais mes deux ailes sont
cassées

IV

Dans l'paradis, c'était partout le
cri
Donne-z-y, donne-z-y; donne-z-y
son pedigree
C'est là qu'on dit: va ouvrir un
chassis
Et lâche un cri: sortez la par ici
J'criais devant St-Pierre:
Faut-il payer mes facéties

V

Et j'ai vaincu tous les mals
attendus
Je fus l'élue; au ciel la bienvenue
On a rendu le verdict attendu
Et on a su que j'ai toute ma vertu
J'ai dit à toutes les anges:
Venez-vous on va jouer au bingo
Bobum... bobum...

---

1 78 tours sur étiquette STARR 17604

Y'a pas d'ouvrage[1]

Auteur-Interprète: Paul Hébert

Introduction
On nous a dit d'attendre après les élections
Ça nous emplit pas l'ventre d'entendre parler d'million
Y'a toujours du chômage maintenant qu'y sont rentrés
(?) faire des voyages on est vite oublié
Les jours ont passé depuis c'temps-là et puis on travaille pas

Refrain
Y'a pas d'ouvrage
Ça décourage
Avec ça faut bien qu'on ménage
Tout l'monde s'lamente
V'la c'que j'en pense
Su'l'train qu'ça va
Ben on crèvera

I
Depuis qu'y a du chômage
Ma femme afin d'm'aider
A pris des p'tits lavages
J'sais pas si vous l'savez
La vie est tellement dure
C'est ben juste pour manger
Du boudin blanc pis d'la porçure
Ça coûte meilleur marché
Ma femme fricasse tous les
    restants
Pis on mange en disant

Refrain
Y'a pas d'ouvrage
Ça décourage
Pour arriver faut qu'on ménage
Les tripes nous slacke
Pis toute nous craque
Si on mange pas
Ben on crèvera

II
La vie est bien amère
Faut bien en arracher
Ah! c'qu'on a d'la misère
Pour pouvoir arriver
Pendant qu'les riches dépensent
Nous autres on crève de faim
Pendant qu'y s'bourrent la panse
Les pauvres n'ont pas d'pain
C'qu'on d'mande au
    gouvernement
C'est de faire du changement

Refrain
Y'a pas d'ouvrage
Ça décourage
Quand donc finira le chômage
On trouve pas d'place
Pis on n'arrache
Su'l'train qu'ça va
Ben on crèvera

---

1 78 tours sur étiquette VIC 5132

III

Puis c'qu'il y a de plus triste
C'est qu'l'ouvrage ne l'prend pas
Ça vient pas, ça vient pas vite
Dites-moi donc qu'est-ce qu'on
    f'ra
L'ouvrage qui nous promettent
Ça prend du temps à v'nir
Tous les jours y nous r'mettent
On aura l'temps d'mourir
Et plusieurs diront en mourant
J'suis mort en attendant

Refrain

Y'a pas d'ouvrage
Ça décourage
J'vas mourir avant qu'on
    m'encage
Ma grand' conscience
On perd patience
Si ça change pas
Ben on crèvera

Bibliographie

I. SOURCES

A. Disques

Album Souvenir Olivier Guimond. Disque enregistré au *Théâtre des Variétés.* Trans-Canada. OG-57, 4 faces, 33⅓ t. / m.

A la demande générale Ti-Gus et Ti-Mousse. Disque enregistré à la *Place des Arts.* JPA-7516, 2 faces, 33⅓ t. / m.

25 ans de rire avec Ti-Gus et Ti-Mousse. Disque enregistré à la *Place des Arts.* PTL-6501, 4 faces, 33⅓ t. / m.

BELIVEAU, Juliette. *La criée* et *La vache juive.* STARR 15143, 2 faces, 78 t. / m.

_____ *Ladébauche encanteur* et *Ladébauche Juge de paix.* COL 34183, 2 faces, 78 t. / m.

HEBERT, Paul. *Sans les femmes* et *La vie d'aujourd'hui c't'effrayant.* VIC 5133, 2 faces, 78 t. / m.

_____ *Y'a pas d'ouvrage* et *J'peux pas trouver mieux.* VIC 5132, 2 faces, 78 t. / m.

OUELLETTE, Rose. *Au téléphone vous m'appelerez* et *Polion, tu me joue.* VIC 263813, 2 faces, 78 t. / m.

_____ *La Poune au paradis* et *Avec un peu de sauce.* STARR, 16704, 2 faces, 78 t. / m.

_____ *T'as pas honte* et *Faut qu'ça grouille.* STARR 16672, 2 faces, 78 t. / m.

B. Emissions de radio et de télévision

ARPIN, Louis (une réalisation de). Entrevues avec Juliette Petrie, Manda Parent, Jean Grimaldi, Paul Desmarteaux, Denis Drouin, Marcel Gamache, Roger Joubert et Gilles Latulippe, dans le cadre de l'émission *Ce soir Jean-Pierre* diffusée à CBFT, Montréal, le 29 novembre 1971, 60 minutes.

BISSONNETTE, Jean (une réalisation de). Entrevue avec Juliette Petrie (durée 10 minutes), dans le cadre de l'émission _Appelez-moi Lise_ diffusée à CBFT, Montréal, le 27 novembre 1972, 60 minutes.

_____ Entrevue avec Manda Parent (durée 8 minutes), dans le cadre de l'émission _Appelez-moi Lise_ diffusée à CBFT, Montréal, le 4 mai 1973, 60 minutes.

_____ Entrevue avec Réal Béland (durée 9 minutes), dans le cadre de l'émission _Appelez-moi Lise_ diffusée à CBFT, Montréal, le 6 décembre 1973, 60 minutes.

_____ Entrevue avec Olivier Guimond fils, dans le cadre de l'émission _Les couche-tard_ diffusée à CBFT, Montréal, le 20 mai 1966.

BOISVERT, Jean et Jean Baulu (une réalisation de). Entrevue avec Juliette Petrie, dans le cadre de l'émission _Studio 11,_ diffusée à CBF, Montréal, le 6 novembre 1970, 15 minutes.

_____ Entrevue avec Juliette Petrie, dans le cadre de l'émission _Studio 11_ diffusée à CBF, Montréal, le 2 février 1972, 30 minutes.

_____ Entrevue avec Manda Parent, dans le cadre de l'émission _Studio 11_ diffusée à CBF, Montréal, le 24 septembre 1971, 15 minutes.

_____ Entrevues avec Paul Berval et Rose Ouellette, dans le cadre de l'émission _Studio 11_ diffusée à CBF, Montréal, le 22 octobre 1971, 19 minutes.

_____ Entrevue avec Pierre Desrosiers, dans le cadre de l'émission _Studio 11_ diffusée à CBF, Montréal, le 26 novembre 1970.

BOUCHER, Raymond (une réalisation de). Entrevue avec Juliette Petrie, dans le cadre de l'émission _Lise Lib_ diffusée à CBFT, Montréal, le 3 avril 1976, 59 minutes.

CHALVIN, Michel (une réalisation de). Entrevue avec Juliette Béliveau, dans le cadre de l'émission _Le Bel Age_ diffusée à CBF, Montréal, le 17 février 1963, 22 minutes.

_____ Entrevue avec Olivier Guimond fils, dans le cadre de l'émission _Le Bel Age_ diffusée à CBF, Montréal, le 5 mars 1963, 24 minutes.

_____ Entrevue avec Olivier Guimond fils, dans le cadre de l'émission _Radiomobile_ diffusée à CBF, Montréal, le 25 janvier 1971, 26 minutes.

_____ Entrevues avec Gilles Latulippe, Jean Lapointe, Gilles Carle et Jean-Paul Nolet, dans le cadre de l'émission _Tel Quel_ diffusée à CBF, Montréal, le 21 décembre 1968, 90 minutes.

CHAPDELAINE, Gérard (une réalisation de). Entrevue avec Olivier Guimond fils, dans le cadre de l'émission _Le sel de la semaine_ diffusée à CBFT, Montréal, le 8 novembre 1966, 60 minutes.

COSSETTE, Jacques et Claude Morin (une réalisation de). Entrevue avec Réal Béland, dans le cadre de l'émission _Feu Vert_ diffusée à CBF, Montréal, le 28 mars 1974, 30 minutes.

_____ Entrevue avec Rose Ouellette, dans le cadre de l'émission _Feu_

Vert diffusée à CBF, Montréal, le 31 octobre 1973, 30 minutes.

DESROSIERS, Robert (une réalisation de). Entrevue avec Rose Ouellette dans le cadre de l'émission *Visage* diffusée à CIVM, Montréal, le 17 février 1979, 60 minutes.

GAUMONT, Michel et Marcel Brisson (une réalisation de). Entrevues avec Paul Berval et Paul Thériault, dans le cadre de l'émission *Les Coqueluches* diffusée à CBFT, Montréal, le 25 octobre 1976, 59 minutes.

LAROUCHE, Laurent (une réalisation de). Entrevue avec Juliette Petrie, dans le cadre de l'émission *Visage* diffusée à CIVM, Montréal, le 1er juillet 1979, 60 minutes.

LECLERC, Jean-Paul (une réalisation de). Entrevues avec Denise Emond et Réal Béland, dans le cadre de l'émission *Ce soir Jean-Pierre* diffusée à CBFT, Montréal, le 31 décembre 1971, 30 minutes.

LEMIEUX, Paul (une réalisation de). Entrevue avec Rose Ouellette, dans le cadre de l'émission *Côté cour côté jardin* diffusée à CBF, Montréal, le 23 août 1974.

MERCURE, Suzanne (une réalisation de). Entrevue avec Paul Desmarteaux, dans le cadre de l'émission *Appelez-moi Lise* diffusée à CBFT, Montréal, le 18 décembre 1973.

MORIN, André (une réalisation de). Entrevue avec Manda Parent (durée 10 minutes), dans le cadre de l'émission *Femme d'aujourd'hui* diffusée à CBFT, Montréal, le 8 novembre 1968.

PICHE, Rita (une réalisation de). Entrevues avec Clémence Desrochers et Jean Duceppe, dans le cadre de l'émission *A chacun son tour* diffusée à CBF, Montréal, le 10 août 1967, 40 minutes.

_____ Entrevues avec Juliette Huot et Réal Béland, dans le cadre de l'émission *A chacun son tour* diffusée à CBF, Montréal le 8 août 1967, 40 minutes.

_____ Entrevues avec Juliette Petrie et Rose Ouellette, dans le cadre de l'émission *A chacun son tour* diffusée à CBF, Montréal, le 7 août 1967, 40 minutes.

POULIN, Mathieu (une réalisation de). Entrevue avec Juliette Béliveau, dans le cadre de l'émission *Hommes de notre temps* diffusée à CBF, Montréal, le 19 août 1968, 30 minutes.

SCOTT, Bernard (une réalisation de). Entrevues avec Jeanne d'Arc Charlebois, Jean Grimaldi et Paul Desmarteaux, dans le cadre de l'émission *Souvenirs à gogo* diffusée à CBFT, Montréal, le 6 septembre 1969, 30 minutes.

_____ Entrevues sur la vie théâtrale à Montréal de 1914 à 1921, dans le cadre de l'émission *Souvenirs à gogo* diffusée à CBFT, Montréal, le 5 juillet 1969, 30 minutes.

ZOLOV, Jack (une réalisation de). Entrevues avec Les Jérolas, Gilles Latulippe et Marc Laurendeau, dans le cadre de l'émission *Le monde de la caricature* diffusée à CBFT, Montréal, le 26 juin 1971, 30 minutes.

____ Entrevues avec Olivier Guimond fils, Gilles Latulippe, Marcel Gamache, Paul Berval, Yvan Ducharme et Denise Pelletier, dans le cadre de l'émission *Le monde de la caricature* diffusée à CBFT, Montréal, le 24 juillet 1971, 30 minutes.

____ Entrevues avec Olivier Guimond fils, Gilles Latulippe, Paul Berval, Clémence Desrochers et Doris Lussier, dans le cadre de l'émission *Le monde de la caricature* diffusée à CBFT, Montréal, le 5 juin 1971, 30 minutes.

C. Interviews

HÉBERT, Chantal, *Réal Béland* (interview avec...). Montréal, 4 décembre 1978, notes manuscrites, coll. Chantal Hébert.

____ *Marc Forrez* (interview avec...). Québec, Ancienne-Lorette, 15 novembre 1978, 3 bobines d'enregistrement et notes manuscrites, coll. Chantal Hébert.

____ *Francine Grimaldi* (interview avec...). Montréal, 23 novembre 1978, 1 bobine d'enregistrement et notes manuscrites, coll. Chantal Hébert.

____ *Jean Grimaldi* (interview avec...). Pointe-aux-Trembles, 17 octobre 1978, 17 mai, 3 septembre, 21 octobre et 11 novembre 1980, notes manuscrites, coll. Chantal Hébert.

____ *Gilles Latulippe* (interview avec...). Montréal, 7 avril et 24 mai 1978 et 27 octobre 1980, notes manuscrites, coll. Chantal Hébert.

____ *Rose Ouellette* (interview avec...). Montréal, 20 septembre 1978, Québec, 8 février 1980, Montréal, 25 mars et 12 novembre 1980, notes manuscrites, coll. Chantal Hébert.

____ *Juliette Petrie* (interview avec...). Ville Lemoyne, 11 septembre, 10, 11 et 20 octobre 1978, 3 septembre et 22 octobre 1980, 3 bobines d'enregistrement et notes manuscrites, coll. Chantal Hébert.

____ *Rose Rey-Duzil* (interview avec...). Montréal, 30 novembre 1978, notes manuscrites, coll. Chantal Hébert.

____ *Léo Rivet* (interview avec...). Montréal, 13 novembre 1980, 1 bobine d'enregistrement et notes manuscrites, coll. Chantal Hébert.

____ *Paul Thériault* (interview avec...). Montréal, 5 décembre 1978 et 12 novembre 1980, 1 bobine d'enregistrement et notes manuscrites, coll. Chantal Hébert.

D. Film

CARLE, Gilles (une réalisation de). *Place à Olivier Guimond.* Montréal, Onyx. Court métrage, couleur, 16 mm.

E. Textes de comédies

ANONYME. *Beau et chaud* (comédie). Enregistrement réalisé à Montréal, au *Théâtre des Variétés,* sur disque Trans-Canada OG-57. Microsillon, 12 pouces, 33⅓ t. / m. Transcription écrite par Chantal Hébert.

ANONYME. *Bonsoir les boys* (comédie). Enregistrement réalisé à Montréal, au *Théâtre des Variétés,* sur disque Trans-Canada OG-57. Microsillon, 12 pouces, 33⅓ t. / m. Transcription écrite par Chantal Hébert.

ANONYME. *Le juge* (comédie). Enregistrement réalisé à Montréal, au *Théâtre des Variétés* sur disque Trans-Canada OG-57. Microsillon, 12 pouces, 33⅓ t. / m. Transcription écrite par Chantal Hébert.

ANONYME. *Trois heures du matin* (comédie). Enregistrement réalisé à Montréal, au *Théâtre des Variétés,* sur disque Trans-Canada OG-57. Microsillon, 12 pouces, 33⅓ t. / m. Transcription écrite par Chantal Hébert.

DUBUISSON, Damasse. *Tizoune c'est le coq* (comédie). Montréal, Bibliothèque Nationale du Québec, Fonds Edouard-Gabriel Rinfret, (1930), 17 pages, manuscrit dactylographié.

_____ *Tizoune veut s'marier* (comédie). Montréal, Bibliothèque Nationale du Québec, Fonds Edouard-Gabriel Rinfret, (1929), 14 pages, manuscrit dactylographié.

GAUTHIER, Charles-Emile. *Une lune de miel mouvementée* (comédie musicale). Montréal, Bibliothèque Nationale du Québec, Fonds Edouard-Gabriel Rinfret, (1920?), 17 pages, manuscrit dactylographié.

F. Source manuscrite

DEYGLUN, Henri. *La petite histoire de l'histoire du spectacle au Québec 1920-1970.* «*Les années folles (1920-1925)*». Ottawa, Archives publiques du Canada, vol. 4, 220 pages, manuscrit dactylographié.

G. Autres documents

Dossiers «Théâtres». Archives municipales de la ville de Montréal. Dossier de presse sur différents théâtres de Montréal.

Les règlements de la ville de Montréal, nos 1 à 274. Bureau du greffier, ville de Montréal.

Mandements, lettres pastorales, circulaires et autres documents des Evêques de Montréal. Montréal, Arbour et Dupont Imprimeurs de l'Archevêché, tomes XIII (1898-1906) — XVI (1918-1921) — XVII (1921-1926) et XVIII (1925-1939).

Mandements, lettres pastorales, circulaires et autres documents des Evêques de Québec. Québec, Chancellerie de l'Archevêché, tome XIII (1925-1931).

II. ÉTUDES

A. Livres

ALLEN, Ralph G. «Our Native Theatre: Honky-Tonk, Minstrel Shows, Burlesque» in *The American Theatre: A Sum of its Parts.* Collection of the Distinguished Adresses prepared expressely for the Symposium «The American Theatre Festival, Washington, D.C.», New York, Hollywood, London, Toronto, Samuel French Inc., (1971), x + 431 pages.

ARCHIVES DES LETTRES CANADIENNES-FRANÇAISES. *Le théâtre canadien-français: évolution, témoignages, bibliographie.* Montréal, Fides, (1976), 1005 pages.

AUGUET, Roland. *Fêtes et spectacles populaires.* Paris, Flammarion (1974), 127 + (1) pages.

BALL, John et Richard Plant. *A Bibliography of Canadian Theatre History 1583-1975.* Toronto, Anton Wager, (1976), 160 pages.

BAR, Francis. *Le genre burlesque en France au XVIIe siècle.* Paris, Editions D'Artrey, (1960), 444 pages.

BEAUDU, Edouard, Pierre Bost *et al. Histoire du Music-Hall.* Paris, Editions de Paris, (1954), 232 pages.

BELANGER, Léon-H. *Les Ouimetoscopes.* Montréal, VLB Editeur, (1978), 247 pages.

BERAUD, Jean. *350 ans de théâtre au Canada français.* Montréal, le Cercle du livre de France, (1958), 316 + (3) pages.

BOLL, André. *Théâtre, spectacles et fêtes populaires dans l'histoire.* Editions du Sablon, (1944), 163 + (1) pages.

BOST, Pierre. *Le cirque et le Music-Hall.* Illustré par G. Annenkoff. Paris, Sans Pareil, (1931), 253 pages.

BOURGY, V. *Le Bouffon sur la scène anglaise au XVIe siècle.* Paris, O.C.D.L., (1969), 531 pages.

CLINTON-BADDELEY, V.C. *The Burlesque Tradition in the English Theatre After 1660.* New York, Benjamin Blom Inc., (1971), 152 pages.

COURSODON, Jean-Pierre. *Keaton et Cie, les burlesques américains du «muet».* Paris, Seghers, (1964), 205 pages.

CUMINS, Géraldine. *Variety Shows.* London, Barrie and Rockliff, (1959), 199 pages.

DIMEGLIO, John E. *Vaudeville U.S.A.* Bowling Green (Ohio), Bowling Green University Popular Press, (1973), 259 pages.

DUCHARTRE, Pierre-Louis. *La Commedia Dell'arte et ses enfants* (Préface de Jean-Louis Barrault). Paris, Editions d'Art et Industrie, (1955), 291 pages.

DUMUR, Guy. *Histoire des spectacles.* Paris, Gallimard, L'Encyclopédie de la pléiade, (1965), xvii + 2010 pages.

EN COLLABORATION. *Jean Grimaldi présente.* Montréal, René Ferron Editeur, (1973), 127 pages.

_____ *L'Annuaire théâtral.* Montréal, Géo. H. Robert Editeur, (1908), 240 pages.

EVERSON, William K. *Laurel et Hardy.* Paris, Henri Veyrier, (1975), 223 pages.

FESCHOTTE, Jacques. *Histoire du Music-Hall.* Paris, Presses universitaires de France, (1965), 126 + (10) pages. (Coll. «Que sais-je?»).

GELINAS, Gratien. *Les Fridolinades 1945-1946.* Montréal, Quinze, (1980), 265 pages.

_____ *Les Fridolinades 1943 et 1944.* Montréal, Quinze, (1981), 345 pages.

GILBERT, Douglas. *American Vaudeville.* New York, Dover Publications, (1963), 428 pages.

GUILDA. *Elle et moi.* Avec la collaboration de Denis Monette. Montréal, Editions Quebecor, (1979), 191 pages.

HOULE, Léopold. *L'Histoire du théâtre au Canada. Pour un retour au classiques.* Montréal, Fides, (1945), 170 + (3) pages.

HUTTON, Laurence. *Curiosities of American Stage.* New York, Harper Brothers, (1891), 347 pages.

LACOMBE, Roland. *Laurel et Hardy ou l'enfance de l'art.* Paris, Seghers, (1975), 264 pages.

LAFLAMME, Jean et Rémi Tourangeau. *L'Eglise et le théâtre au Québec.* Montréal, Fides, (1979), 356 pages.

LAFRAMBOISE, Philippe. *Le répertoire de «C'était l'Bon Temps».* Montréal, Editions Télé-Métropole, 6 volumes. (Coll. «Super magazine»).

_____ *La Poune.* Montréal, Editions Héritage, (1978), 139 + (1) pages.

LAURIE, Joe. *Vaudeville from the honky-tonks to the Palace.* New York, Henry Holt and Company, (1953), viii + 561 pages.

MAILHOT, Laurent et Doris-Michel Montpetit. *Monologues québécois 1890-1980.* Montréal, Léméac, (1980), 420 pages.

MARTINEAU, Denyse. *Juliette Béliveau, sa vie, sa carrière.* Montréal, Les Editions de l'Homme (1970), 218 + (2) pages.

MAYER, David et Kenneth Richards. *Western Popular Theatre. The Proceedings of a Symposium sponsored by the Manchester University Department of Drama.* Great Britain, Cambridge University Press, Methuen & Co Ltd., (1972), viii + 277 pages.

MCLEAN, Albert F. Jr. *American Vaudeville as Ritual.* University of Kentucky Press, (1965), 250 pages.

MOULIN, Jean-Pierre. *J'aime le Music-Hall.* Paris, Denoël, (1962), 205 pages.

PAGE, Pierre avec la collaboration de Renée Legris. *Le comique et l'humour à la radio québécoise. Aperçus historiques et textes choisis 1930-1970.* Montréal, La Presse, vol. 1, (1976), 677 pages et vol. 2, (1979), 735 pages.

_____ avec la collaboration de Renée Legris et Louise Blouin. *Répertoire des œuvres de la littérature radiophonique québécoise*

1930-1970. Montréal, Fides, vol. 1, (1975), 826 pages et vol. 3, (1977), 252 pages. (Coll. «Archives québécoises de la radio et de la télévision»).

PETRIE, Juliette. *Quand on revoit tout ça! Le burlesque au Québec 1914-1960*. Montréal, Les Editions Juliette Petrie, (1977), 223 pages.

PREVOST, Robert. *Que sont-ils devenus?* Montréal, Editions Princeps, (1939), 123 pages.

RINFRET, Edouard-Gabriel. *Le théâtre canadien d'expression française*. Montréal, Leméac, 4 tomes, (1975, 1976, 1977 et 1978), xxxiii + 390 pages, 404 pages, 387 pages, 338 pages.

ROBI, Alys. *Ma carrière et ma vie*. Montréal, Editions Québecor, (1980), 155 pages.

SALERNO, Henry F. *Focus on Popular Theatre in America*. Bowling Green (Ohio), Bowling Green University Popular Press, (s.d.), 215 pages.

SIGAUX, Gilbert. *La comédie et le vaudeville de 1850 à 1900. Choix établi avec une introduction et des notices par Gilbert Sigaux*. Evreux, Cercle du Bibliophile, (1970), 5 vol.

SOBEL, Bernard. *Burleycue*. New York, Farrar et Rinehart, inc., (1931), 284 pages.

____ *A Pictorial History of Burlesque*. New York, Bonanza Books, (1956), 194 pages.

____ *A Pictorial History of Vaudeville*. (Foreword by George Jesse), New York, The Citadel Press, (1961), 224 pages.

TRUSSLER, Simon. *Burlesque Plays of the Eighteenth Century*. Oxford University Press, (1969), 369 pages.

VARIOT, Jean-James (en collaboration). *Théâtre de tradition populaire*. Marseille, Laffont, (1942), 456 + (4) pages.

VOLTZ, Pierre. *La Comédie*. (Préface de Quentin Hope), Univeristy of Indiana, New York, St. Louis, San Francisco, McGraw-Hill, Armand Colin, (1974), 471 pages.

ZEIDMAN, Irwing. *The American Burlesque Show*. New York, Hawthorn Books Inc., (1967), 271 pages.

B. Articles de journaux et périodiques

ABOUT, Pauline. «Du rire à prix populaire chez Gilles Latulippe». (s.l.n.d.).

ASSELIN, Claude. «Gilles Latulippe en est convaincu 'Notre Olivier Guimond, il est meilleur que Louis de Funès...'». *Photo-Journal* (Montréal), Semaine du 2 au 8 mars 1970.

BEAULIEU, Pierre. «Ti-Gus et Ti-Mousse: on a bien ri». *La Presse* (Montréal), 12 mai 1976.

____ «La belle époque des nuits de Montréal». *La Presse* (Montréal), 19 janvier 1980.

BELLEMARE, Jean. «En v'la une bonne! (ou qu'est-ce qui fait rire les Québécois)». *Nous* (Montréal), vol. 6, no 12 (mai 1979), pp. 24, 39 et 47.

BERGERON, Raymonde. «Théâtre des Variétés... notre Broadway québécois». *Journal de Montréal,* 13 septembre 1974.

BOURDON, Odette. «Gilles Latulippe des rêves devenus réalité». *TV Hebdo* (Montréal), 18 septembre 1976, pp. 4, 5 et 6.

CARON, Claire. «Le Théâtre des Variétés notre palais du rire!» *Journal de Montréal,* 25 février 1978.

CHABOT, Colette. «Gilles Latulippe: la peur d'être beau». *Le Petit Journal* (Montréal), 4 août 1968.

CHARTRAND, Luc. «La vamp de grand-papa. Quand l'aïeule de Mae West et de Diane Dufresne annonçait le Women's Lib!». *L'actualité* (Montréal), vol. 3, no 9 (septembre 1978), pp. 41-42.

CONSTANTINEAU, Gilles. «Olivier Guimond: l'ami de toute le monde». *Le Devoir* (Montréal), 30 novembre 1971.

DAGENAIS, Angèle. «Denis Drouin. Trente ans de cabaret, de scène, et de télévision». *Le Devoir* (Montréal), 29 avril 1978.

DAVID, Benoît. «C'est l'amour qui lui (Juliette Petrie) a fait rencontrer le plus beau métier du monde!». *Le Journal des Vedettes* (Montréal), 26 août 1967.

_____ «Olivier Guimond. Le souvenir de ces grandes années qui ont fait de l'homme l'artiste que nous connaissons». *Le Journal des Vedettes* (Montréal), 21 octobre 1967.

DESJARDINS, Maurice. «Un enfant de la balle» (Olivier Guimond fils). *Journal de Montréal,* 30 novembre 1971.

DOR, Georges. «Gérant du Théâtre des Variétés Michel Legault, bras droit et bras gauche de Gilles Latulippe». *Téléspec* (Montréal), vol. 1, no 11, octobre 1977.

DUSSAULT, Serge. «Réal Béland était au monde bien avant Gustave et le restera longtemps après». *La Presse* (Montréal), 28 janvier 1971.

FORTIN, Jean-Claude. «Sa vie, sa carrière, son destin. Deux mariages avaient précédé son grand amour avec Manon» (Olivier Guimond fils). *Le Petit Journal* (Montréal), 1er décembre 1971.

GELINAS, Gratien. «Une vie qui a été comme un long rendez-vous avec le rire» (Juliette Béliveau). *Le Soleil* (Québec), 30 août 1975.

GODIN, Gérald. «Le dernier de la dynastie Tizoune III». (s.l.), décembre 1963. Article provenant du fichier biographique de la Société Radio-Canada à Montréal.

GODIN, Jean-Cléo. «Les gaietés montréalaises: sketches, revues». *Etudes françaises.* (Montréal), Les Presses de l'Université de Montréal, vol. 15, nos 1-2, avril 1979, pp. 143-158.

GOUGEON, Gilles. «Le Théâtre des Variétés, une bonne main pour le public». (s.l.n.d.).

HEBERT, Chantal. «Sur le burlesque». (Montréal), *Jeu,* no 18,

printemps 1981.
JACQUES-CHARLES. «Naissance du Music-Hall», *Les œuvres libres,* vol. 78, 1952.
_____ «Le Music-Hall en France», *Les œuvres libres,* vol. 89, 1953.
L.M. «La 3,000ième représentation ça se fête!». *Echos-Vedettes,* semaine du 23 au 29 avril 1978.
LAFRAMBOISE, Philippe. «Elle (Juliette Petrie) se destinait à la couture mais le mariage en fait une comédienne». (s.l.n.d.).
LESSONINI, Guy. «Dépêchez-vous de revenir Olivier!». *Photo-Journal* (Montréal), semaine du 26 au 31 octobre 1971.
LEVESQUE, Robert. «La Poune a toujours 12 ans». *La Presse / Perspectives* (Montréal), 25 novembre 1978, pp. 4, 5, 6 et 7.
M.M. «Juliette Béliveau évoque la gloire du National». *La Patrie* (Montréal), 18 mars 1965.
MAITRE, Manuel. «Ti-Gus et Ti-Mousse attirent les foules depuis 16 ans au Québec». *La Patrie* (Montréal), semaine du 17 novembre 1978.
MATTI, Jacques. «Points communs deux 'beus' attendrissants: Paul Berval et Raymond Devos». *Le Journal des Vedettes* (Montréal), 9 septembre 1967.
MESSIER, Nicole. «Avec la disparition de 'Moi et l'Autre' Gustave (Réal Béland) trouvera la vie moins drôle». *Le Petit Journal* (Montréal), 28 mars 1971.
PASCAU, Pierre. «Périscope vous révèle Gilles Latulippe». *Périscope* (Montréal), vol. 1, no 1.
PERREAULT, Luc. «Un 'niaiseux' dans un Théâtre fait pour faire rire: Gilles Latulippe». *La Presse* (Montréal), (s.d.).
PIAZZA, François. «Gilles Latulippe, roi couronné du rire. Le rire c'est une vocation». *Photo-Journal* (Montréal), 18 juin 1969.
PIERRE, MAXIME et JOHANNE. «Gilles Latulippe». *L'actualité* (Montréal), février 1970.
RUDEL-TESSIER. «Paul Desmarteaux: 'curé Labelle' et...» *La Presse* (Montréal), 24 janvier 1974.
_____ «Réal Béland, c'est Ti-Gus, mais c'est aussi le Personality Kid!». *Photo-Journal* (Montréal), semaine du 8 au 15 mars 1967.
_____ «Un nouveau duo au music-hall: Manda et Denis Drouin». *La Presse* (Montréal), 25 mai 1972.
SABBATH, Lawrence. «Blue Tide of Laughter over Latulippe». *The Montreal Star,* March 26, 1975.
_____ «La Course a Miracle of Sorts». *The Montreal Star,* (s.d.).
_____ «Latulippe Musical Comedy Offers Hours of Laughter» *The Montreal Star,* January 4, 1974.
_____ «Unknown except to 150,000 Spectators». *The Montreal Star,* September 29, 1973.
SAMSON, Jacques. «Gilles Latulippe: être un comique, c'est le plus

beau métier du monde». *Le Soleil* (Québec), 13 novembre 1976.
SENELICK, Laurence. «Variety into vaudeville, the process observed in two manuscript gagbooks». *Theatre survey.* University of Pittsburgh, Volume XIX, Number 1, May 1978, pp. 1 à 16.
TASCHEREAU, Yves. «Une soirée (agréable) au Théâtre des Variétés». *Le Devoir* (Montréal), 4 mai 1974.
TREMBLAY, Michèle. «Là où d'autres ont échoué, il (Gilles Latulippe) réussit». *Le Nouveau Samedi* (Montréal), vol. 84, no 23, semaine du 30 octobre au 5 novembre 1972.
VERMETTE, Diana. «Latulippe inaugure son Théâtre des Variétés devant une salle comble». (s.l.n.d.).
«Après le cabaret, Juliette Petrie se tient prête pour la télévision». *Samedi-Dimanche* (Montréal), 5 juillet 1952.
«Jean Grimaldi fait sa rentrée dans l'ancien Théâtre Gayety». *Le Canada,* 18 septembre 1953.
«Olivier (Tizoune) Guimond (père)». *Radio Monde* (Montréal), 18 novembre 1950.
«Paul Desmarteaux». *Le Journal des Variétés* (Montréal), 12 août 1967.

C. Thèses et recherches

BISSON, Margaret Mary. *Le Théâtre à Montréal 1878-1931.* Montréal, McGill University, Ph. D., 1932.
HEBERT, Chantal et Philippe Dubé. *Le Théâtre des Variétés. Monographie descriptive.* Québec, Université Laval, CELAT, juin 1978, 61 pages.
HOTTIER, Hugues. *Le vocabulaire du cirque et du music-hall en France.* Université de Lille, Thèse de Doctorat, 1973, 272 pages.
LARRUE, Jean-Marc. *L'activité dramatique à Montréal de 1890 à 1900.* Montréal, McGill University, M.A., 1979, 490 pages.
MONTPETIT, Raymond, directeur du Groupe de recherche en art populaire (GRAP). *Travaux et conférences 1975-1979* (non publiés). Université du Québec à Montréal, Département Histoire de l'Art, juin 1979, 299 + (16) pages.
RICKETT, Olla Goswey. *The French-Speaking Theatre of Montreal 1937-1963.* Ann Arbor, University Microfilms, Inc., Ph.D., 1964, 144 pages.
TELLIER, François et Maurice Thibaudeau. (Sous la direction de Robert Claing). *Le Théâtre des Variétés.* Montréal, Cegep Ahuntsic, novembre 1975, 69 pages.

D. Dictionnaire et encyclopédies

Dictionnaire des œuvres littéraires du Québec. Sous la direction de Maurice Lemire, avec la collaboration de Gilles Dorion, André Gaulin et Alonzo Leblanc. Montréal, Fides, tome II, (1980), 1363 pages.

Enciclopedia Dello Spettacolo. Roma, Casa Editrice Le Maschere, tome II, (1954), 1744 pages; tome VII, (1960), 1862 pages; tome IX, (1962), 2172 pages.

Encyclopaedia Universalis. Paris, Encyclopaedia Universalis Editeur, vol. 3, (1968), 1105 pages.

Encyclopédie Thématique Weber. Paris, Weber S.A. d'éditions, vol. 16, (1972), 337 pages.

The Encyclopedia Americana. New York, Americana Corporation, (1972), vol. 4, 798 pages.

Cahiers du Québec

Achevé d'imprimer à Montmagny
par les travailleurs des ateliers Marquis Ltée
en octobre 1981